2025年*春 受験用 解答集

愛知県 愛知高等学校

2019~2013年度の7年分

本書は，実物をなるべくそのままに，プリント形式で年度ごとに収録しています。
問題用紙を教科別に分けて使うことができるので，本番さながらの演習ができます。

■ 収録内容

・解答集（この冊子です）

　　書籍ＩＤ番号，この問題集の使い方，リアル過去問の活用，解答例と解説，
　　ご使用にあたってのお願い・ご注意，お問い合わせ

・2019(平成31)年度 ～ 2013(平成25)年度　学力検査問題

JN131998

○は収録あり　　　　　年度	'19	'18	'17	'16	'15	'14	'13
■ 問題(一般入学試験)	○	○	○	○	○	○	○
■ 解答用紙	○	○	○	○	○	○	
■ 解答	○	○	○	○	○	○	○
■ 解説	○	○	○	○	○	○	
■ 配点							

☆問題文等の非掲載はありません

もっと過去問！シリーズ

Ｋ 教英出版

■ 書籍ID番号

入試に役立つダウンロード付録や学校情報などを随時更新して掲載しています。
教英出版ウェブサイトの「ご購入者様のページ」画面で，書籍ID番号を入力してご利用ください。

書籍ID番号　187021　

（有効期限：2025年9月30日まで）

【入試に役立つダウンロード付録】
「高校合格への道」

■ この問題集の使い方

年度ごとにプリント形式で収録しています。針を外して教科ごとに分けて使用します。①片側，②中央
のどちらかでとじてありますので，下図を参考に，問題用紙と解答用紙に分けて準備をしましょう（解答
用紙がない場合もあります）。

針を外すときは，けがをしないように十分注意してください。また，針を外すと紛失しやすくなります
ので気をつけましょう。

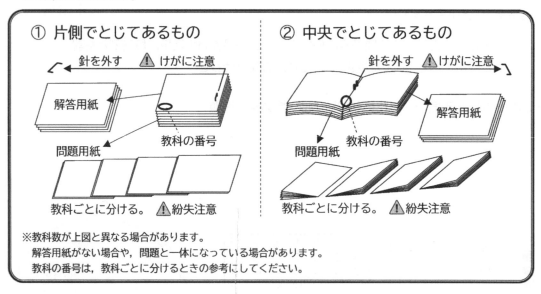

※教科数が上図と異なる場合があります。
解答用紙がない場合や，問題と一体になっている場合があります。
教科の番号は，教科ごとに分けるときの参考にしてください。

リアル過去問の活用

~リアル過去問なら入試本番で力を発揮することができる~

✿本番を体験しよう！

問題用紙の形式（縦向き／横向き），問題の配置や余白など，実物に近い紙面構成なので本番の臨場感が味わえます。まずはパラパラとめくって眺めてみてください。「これが志望校の入試問題なんだ！」と思えば入試に向けて気持ちが高まることでしょう。

✿入試を知ろう！

同じ教科の過去数年分の問題紙面を並べて，見比べてみましょう。

① 問題の量

毎年同じ大問数か，年によって違うのか，また全体の問題量はどのくらいか知っておきましょう。どのくらいのスピードで解けば時間内に終わるのか，大問ひとつにかけられる時間を計算してみましょう。

② 出題分野

よく出題されている分野とそうでない分野を見つけましょう。同じような問題が過去にも出題されていることに気がつくはずです。

③ 出題順序

得意な分野が毎年同じ大問番号で出題されていると分かれば，本番で取りこぼさないように先回りして解答することができるでしょう。

④ 解答方法

記述式か選択式か（マークシートか），見ておきましょう。記述式なら，単位まで書く必要があるかどうか，文字数はどのくらいかなど，細かいところまでチェックしておきましょう。計算過程を書く必要があるかどうかも重要です。

⑤ 問題の難易度

必ず正解したい基本問題，条件や指示の読み間違いといったケアレスミスに気をつけたい問題，後回しにしたほうがいい問題などをチェックしておきましょう。

✿問題を解こう！

志望校の入試傾向をつかんだら，問題を何度も解いていきましょう。ほかにも問題文の独特な言いまわしや，その学校独自の答え方を発見できることもあるでしょう。オリンピックや環境問題など，話題になった出来事を毎年出題する学校だと分かれば，日頃のニュースの見かたも変わってきます。

こうして志望校の入試傾向を知り対策を立てることこそが，過去問を解く最大の理由なのです。

✿実力を知ろう！

過去問を解くにあたって，得点はそれほど重要ではありません。大切なのは，志望校の過去問演習を通して，苦手な教科，苦手な分野を知ることです。苦手な教科，分野が分かったら，教科書や参考書に戻って重点的に学習する時間をつくりましょう。今の自分の実力を知れば，入試本番までの勉強の道すじが見えてきます。

✿試験に慣れよう！

入試では時間配分も重要です。本番で時間が足りなくなってあわてないように，リアル過去問で実戦演習をして，時間配分や出題パターンに慣れておきましょう。教科ごとに気持ちを切り替える練習もしておきましょう。

✿心を整えよう！

入試は誰でも緊張するものです。入試前日になったら，演習をやり尽くしたリアル過去問の表紙を眺めてみましょう。問題の内容を見る必要はもうありません。どんな形式だったかな？受験番号や氏名はどこに書くのかな？…ほんの少し見ておくだけでも，志望校の入試に向けて心の準備が整うことでしょう。

そして入試本番では，見慣れた問題紙面が緊張した心を落ち着かせてくれるはずです。

※まれに入試形式を変更する学校もありますが，条件はほかの受験生も同じです。心を整えてあせらずに問題に取りかかりましょう。

数 学

───── 《解答例》 ─────

$\boxed{1}$ (1) 9　(2) $\dfrac{x+6}{6}$　(3) $\dfrac{\sqrt{3}}{10}$　(4) $12\sqrt{6}$　(5) 8　(6) $\dfrac{7}{4}$　(7) ア. 2　イ. 円　(8) 9081

(9) $\left(-\dfrac{1}{2},\ \dfrac{1}{4}\right),\ (1,\ 1)$　(10) $7\pi-6-6\sqrt{3}$　(11) $\begin{cases} 2x+y=1120 \\ x+3y=1260 \end{cases}$　$x=420$　$y=280$

(12) 理由…Aさんの読んだ冊数は中央値よりも多いため。　番号…②

$\boxed{2}$ (1) A(a, a), B(a, t²), C(t, t²), D(t, a)であり, L$=-2$t²$+2$tとなり, aの値は関係ない。

(2) $\dfrac{-1+\sqrt{5}}{2}$

$\boxed{3}$ (1) $\dfrac{1}{2}$　(2) $\dfrac{5}{9}$

$\boxed{4}$ ア. 1　イ. 月　ウ. 水　エ. 土

───── 《解 説》 ─────

$\boxed{1}$ (1) 与式$=\left(-1-\dfrac{3}{4}\times\dfrac{2}{3}\right)^2\div\dfrac{25}{100}=\left(-1-\dfrac{1}{2}\right)^2\div\dfrac{1}{4}=\left(-\dfrac{3}{2}\right)^2\times4=\dfrac{9}{4}\times4=9$

(2) 与式$=\dfrac{6(2x+5)-3(x-4)-2(3x+12)}{18}=\dfrac{12x+30-3x+12-6x-24}{18}=\dfrac{3x+18}{18}=\dfrac{x+6}{6}$

(3) 与式$=\dfrac{15\sqrt{3}}{100}-\dfrac{3\sqrt{3}}{60}=\dfrac{3\sqrt{3}}{20}-\dfrac{\sqrt{3}}{20}=\dfrac{2\sqrt{3}}{20}=\dfrac{\sqrt{3}}{10}$

(4) 与式$=\{(2a+b)+(a+2b)\}\{(2a+b)-(a+2b)\}=(3a+3b)(a-b)=3(a+b)(a-b)=$
$3\{(\sqrt{3}+\sqrt{2})+(\sqrt{3}-\sqrt{2})\}\{(\sqrt{3}+\sqrt{2})-(\sqrt{3}-\sqrt{2})\}=3\times2\sqrt{3}\times2\sqrt{2}=12\sqrt{6}$

(5) $\dfrac{1}{5}<\dfrac{1}{\sqrt{n}}<\dfrac{1}{4}$より, $\sqrt{\dfrac{1}{25}}<\sqrt{\dfrac{1}{n}}<\sqrt{\dfrac{1}{16}}$だから, nは, 24, 23, 22, 21, 20, 19, 18, 17 の8個ある。

(6) 円周角の定理より, ∠BAE=∠CDE, ∠ABE=∠DCEだから,

△ABE∽△DCEであり, 相似比はAB:DC=3:9=1:3である。

AE$=x$cmとすると, CE$=(10-x)$cm, DE$=3$AE$=3x$cm,

BE$=(8-3x)$cmとなるから, CE$=3$BEより, $10-x=3(8-3x)$

これを解いて, $x=\dfrac{7}{4}$　よって, AE$=\dfrac{7}{4}$cmである。

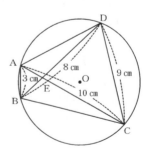

(7) 1辺がπcmの正方形の周の長さは4πcm, 半径が$r$cmの円の周の長さは

$2\pi r$cmだから, $4\pi=2\pi r$より, $r=2$　このとき, 正方形の面積は

π^2cm², 円の面積は$2^2\pi=4\pi$(cm²)である。$\pi<4$だから, $\pi^2<4\pi$で, 面積が大きい図形は「円」である。

(8) $\dfrac{1}{11}=0.0909\cdots$より, $\dfrac{1}{11}$を小数で表すと, 小数第1位から0と9の2個の数字を周期的にくり返す。

$2019\div2=1009$余り1より, 小数第2019位の数字は0と9を1009回くり返したあとの0だから, 求める数の和

は, $(0+9)\times1009+0=9081$

(9) 直線$y=\dfrac{1}{2}x+\dfrac{1}{2}$と放物線$y=x^2$の2つの式を連立方程式として解く。$y$を消去して, $x^2=\dfrac{1}{2}x+\dfrac{1}{2}$

$2x^2-x-1=0$　　2次方程式の解の公式より，$x=\dfrac{-(-1)\pm\sqrt{(-1)^2-4\times2\times(-1)}}{2\times2}=\dfrac{1\pm3}{4}$

$x=\dfrac{1-3}{4}=-\dfrac{1}{2}$，$x=\dfrac{1+3}{4}=1$　　$y=x^2$に$x=-\dfrac{1}{2}$，1をそれぞれ代入すると，$y=\dfrac{1}{4}$，1となるから，

求める座標は，$\left(-\dfrac{1}{2}，\dfrac{1}{4}\right)$，$(1，1)$である。

(10) 右図のように補助線を引く。斜線部分の面積は，

(おうぎ形O_1PQの面積)＋(おうぎ形O_2PQの面積)－△PO_1Q－△PO_2Qで求められる。

O_1P：O_1Q：PQ$=2\sqrt{3}：2\sqrt{3}：2\sqrt{6}=1：1：\sqrt{2}$だから，

△O_1PQは直角二等辺三角形で，∠PO_1Q$=90°$

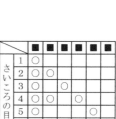

O_2P$=O_2$Q$=$PQ$=2\sqrt{6}$cmだから，△O_2PQは正三角形で，

∠PO_2Q$=60°$　　正三角形の1辺の長さと高さの比は$2：\sqrt{3}$だから，

正三角形O_2PQの高さは，$2\sqrt{6}\times\dfrac{\sqrt{3}}{2}=3\sqrt{2}$(cm)

よって，求める面積は，$(2\sqrt{3})^2\pi\times\dfrac{90}{360}+(2\sqrt{6})^2\pi\times\dfrac{60}{360}-\dfrac{1}{2}\times2\sqrt{3}\times2\sqrt{3}-\dfrac{1}{2}\times2\sqrt{6}\times3\sqrt{2}=$

$3\pi+4\pi-6-6\sqrt{3}=7\pi-6-6\sqrt{3}$(cm²)

(11) $2x+y=1120\cdots$①，$x+3y=1260\cdots$②とする。①×3－②でyを消去すると，$6x-x=3360-1260$

$5x=2100$　　$x=420$　　①に$x=420$を代入すると，$840+y=1120$　　$y=280$

(12) 40個のデータの中央値は小さい方(または大きい方)から20番目と21番目の値の平均だから，20番目と

21番目の平均が3冊とわかる。よって，小さい方から21番目は3冊以上だから，Aさんは21番目以降である。

2 (1) $y=x$に点Aのx座標の$x=a$を代入すると，$y=a$となるから，A$(a，a)$，$y=x^2$に点Cのx座標の$x=t$を

代入すると，$y=t^2$となるから，C$(t，t^2)$である。B$(a，t^2)$，D$(t，a)$だから，L$=2($AB$+$BC$)=$

$2\{(a-t^2)+(t-a)\}=-2t^2+2t$となり，Lは$a$の値に関係なく$t$の値のみで決まる。

(2) AB$=$BCとなるときだから，$a-t^2=t-a$　　この式に$a=\dfrac{1}{2}$を代入して整理すると，$t^2+t-1=0$

2次方程式の解の公式より，$t=\dfrac{-1\pm\sqrt{1^2-4\times1\times(-1)}}{2\times1}=\dfrac{-1\pm\sqrt{5}}{2}$

図より$t>0$だから，$t=\dfrac{-1+\sqrt{5}}{2}$

3 右表は，サイコロの目ごとに裏返すカードの位置を○で表したものである。

(1) サイコロの目の出方は6通りある。1回の操作後，白2枚になるのは，約数が

2個ある数の目が出たときだから，2，3，5の3通りで，求める確率は，$\dfrac{3}{6}=\dfrac{1}{2}$

(2) サイコロを2回投げて出る目の出方は全部で$6\times6=36$(通り)ある。

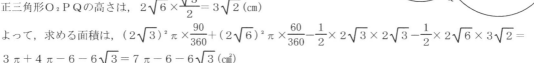

2回の操作後，3番目のカードが黒であるのは，2回とも1，2，4，5のいずれ

かの目が出たときか，2回とも3か6のいずれかが出たときである。

2回とも1，2，4，5のいずれかが出る出方は$4\times4=16$(通り)，2回とも3か6のいずれかが出る出方は

$2\times2=4$(通り)だから，2回の操作後，3番目のカードが黒である出方は，$16+4=20$(通り)ある。

よって，求める確率は，$\dfrac{20}{36}=\dfrac{5}{9}$

4 $365\div7=52$余り$_{ア}\underline{1}$である。2018年2月5日は，2019年2月5日の52週と1日前だから，火曜日の1つ前の

$_{イ}\underline{月曜日}$である。2018年10月10日は，2018年2月5日の，$(28-5)+31+30+31+30+31+31+30+10=$

247(日後)であり，$247\div7=35$余り2より，35週と2日後だから，月曜日の2つあとの$_{ウ}\underline{水曜日}$である。

以上より，1年前の同じ日の曜日は1つ前の曜日になるとわかったが，うるう年の2月29日をまたいで1年前に

さかのぼる場合は，さらに1つ前の曜日になる。1964年はうるう年だが，1965年10月10日から1964年10月

10 日にさかのぼるときは 2 月 29 日をまたがないので，1964 年の 2 月 29 日については考える必要がない。うるう年は 2016（年）＝504×4 から 1968（年）＝492×4 までに 504－492＋1 ＝13（年）ある。

1964 年は 2018 年の 2018－1964＝54（年前）だから，1964 年 10 月 10 日の曜日は 2018 年 10 月 10 日の曜日の 54＋13＝67 前であり，67÷7 ＝9 余り 4 より，水曜日の 4 つ前の ェ土曜日である。

平成30年度 解答例・解説

《解答例》

1 (1) $7\sqrt{2}$　　(2) $\dfrac{3}{2}y^2$　　(3)18　　(4)エ　　(5)25000　　(6)12　　(7)74　　(8)10　　(9)15　　(10)$8\sqrt{2}$

2 (1)$y=2x+12$　　(2)$(3, 18)$　　(3)$y=26x$

3 (1)3　　(2)30

4 (1)2　　(2)44　　(3)6

《解　説》

1 (1)　与式$=3\sqrt{2}-2\sqrt{2}+6\sqrt{2}=7\sqrt{2}$

(2)　与式$=\dfrac{x^3y^3}{8}\div\dfrac{x^4y^2}{9}\times\dfrac{4xy}{3}=\dfrac{x^3y^3\times9\times4xy}{8\times x^4y^2\times3}=\dfrac{3}{2}y^2$

(3)　2次方程式を変形すると，$(x-5)^2-25+a=0$ となる。これに$x=5+\sqrt{7}$を代入して，

$(5+\sqrt{7}-5)^2-25+a=0$　　　$7-25+a=0$　　　$a=18$

(4)　xの変域に原点が含まれるから，yの最小値は$x=0$のときの0である。

最大値は，$x=-6$のときの$y=(-6)^2=36$だから，yの変域はエの$0\leqq y\leqq36$である。

(5)　原価をx円とする。$x\times\left(1+\dfrac{2}{10}\right)\times\left(1-\dfrac{1}{10}\right)-x=2000$ より，$x\times12\times9-100x=200000$　　　$8x=200000$

$x=25000$　　　よって，原価は25000円である。

(6)　敷き詰められる正方形のタイルの1辺の長さは168と180の公約数である。タイルをできるだけ大きくしたい

ので，1辺の長さは，168と180の最大公約数の12cmにすればよい。

(7)　度数分布表から平均値を求めるときは，

$\dfrac{\{(階級値)\times(その階級の度数)\}の合計}{(度数の合計)}$ を計算すればよい。

表にまとめると右のようになるので，平均値は，

$1480\div20=74$(点)

階級(点) 以上～未満	階級値(点)	度数(人)	(階級値)×(度数)
50 ～ 60	55	4	220
60 ～ 70	65	1	65
70 ～ 80	75	10	750
80 ～ 90	85	3	255
90 ～100	95	2	190
計		20	1480

(8)　辺BC，辺ABの中点をそれぞれM，Nとする。点Gは重心だから

AG：GM＝CG：GN＝2：1である。△GMCと△AMCは，底辺をそれ

ぞれGM，AMとみると高さが等しいから，面積比は底辺の長さの比に等しく，

$1：(1+2)=1：3$である。$\triangle GMC=\dfrac{1}{3}\triangle AMC$で，$\triangle AMC=\dfrac{1}{2}\triangle ABC$

だから，$\triangle GMC=\dfrac{1}{3}\times\dfrac{1}{2}\triangle ABC=\dfrac{1}{3}\times\dfrac{1}{2}\times30=5$(cm²)

同様に，$\triangle ANG=\dfrac{1}{3}\triangle ANC=\dfrac{1}{3}\times\dfrac{1}{2}\triangle ABC=5$(cm²)だから，斜線部分の面

積の和は，$5+5=10$(cm²)

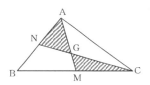

(9)　右図のように記号をおく。線分ACは円Oの直径だから，$\angle ADC=90°$なので，

$\angle BDC=90-75=15(°)$である。円周角の定理より，$\angle x=\angle BDC=15°$

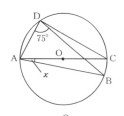

(10)　立体の表面に長さが最短になるように巻いた糸は，展開図において直線になるの

で，展開図上で考える。側面の展開図に右図のように記号をおく（P′はPと重なる点）。

糸の長さはPP′の長さである。側面のおうぎ形は半径が8cm，弧の長さが底面の円周

と等しく4πcmだから，中心角を$x°$とすると，$2\pi\times8\times\dfrac{x}{360}=4\pi$ より，$x=90$と

なる。したがって，△OPP′は直角二等辺三角形だから，$PP'=\sqrt{2}OP=8\sqrt{2}$(cm)

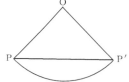

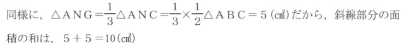

2 (1) 点Aは$y=2x^2$のグラフ上の点だから，$y=2x^2$に$x=-2$を代入すると，$y=8$となるので，A$(-2，8)$である。直線ℓの式を$y=2x+b$とし，点Aの座標から$x=-2$，$y=8$を代入すると，$8=-4+b$より，$b=12$となる。よって，求める直線の式は，$y=2x+12$

(2) 点A，Bは，放物線$y=2x^2$と直線$y=2x+12$の交点だから，これらを連立方程式として解く。2つの式からyを消去して，$2x^2=2x+12$　$x^2-x-6=0$　$(x-3)(x+2)=0$　$x=3，-2$
点Aのx座標が-2だから，点Bのx座標は3である。$y=2x^2$に$x=3$を代入すると，$y=18$となるから，点Bの座標は$(3，18)$である。

(3) 求める直線は点Oと線分ABの中点を通る。
線分ABの中点の座標は，$(\dfrac{(\text{AとBの}x\text{座標の和})}{2}，\dfrac{(\text{AとBの}y\text{座標の和})}{2})=(\dfrac{-2+3}{2}，\dfrac{8+18}{2})=(\dfrac{1}{2}，13)$
直線の式を$y=ax$として，$x=\dfrac{1}{2}$，$y=13$を代入すると，$a=26$となる。よって，求める直線の式は，$y=26x$

3 (1) 2回のさいころの目の和が10になるときだから，(1回目，2回目)の目の出方は$(4，6)(5，5)(6，4)$の3通りである。

(2) 3回のさいころの目の和が10になる場合と，2回のさいころの目の和が11以上になる場合に分けて考える。
3回の目の和が10になる場合，1回目の目から，(2回目，3回目)の目の出方を考えると，
1回目が1のとき，(2回目，3回目)$=(3，6)(4，5)(5，4)(6，3)$の4通り
1回目が2のとき，(2回目，3回目)$=(2，6)(3，5)(4，4)(5，3)(6，2)$の5通り
1回目が3のとき，(2回目，3回目)$=(1，6)(2，5)(3，4)(4，3)(5，2)(6，1)$の6通り
1回目が4のとき，(2回目，3回目)$=(1，5)(2，4)(3，3)(4，2)(5，1)$の5通り
1回目が5のとき，(2回目，3回目)$=(1，4)(2，3)(3，2)(4，1)$の4通り
1回目が6のとき，(2回目，3回目)$=(1，3)(2，2)(3，1)$の3通り
したがって，合わせて，$4+5+6+5+4+3=27$(通り)
2回のさいころの目の和が11以上になる場合，(1回目，2回目，3回目)の目の出方を考えると，
和が11のとき，$(5，6，1)(6，5，1)$の2通り，和が12のとき，$(6，6，2)$の1通りだから，合わせて，$2+1=3$(通り)
よって，全部で，$27+3=30$(通り)となる。

4 (1) $\sqrt{4}<\sqrt{5}<\sqrt{9}$だから，$2<\sqrt{5}<3$　よって，$[\sqrt{5}]=2$である。

(2) 2乗しても2018をこえない最大の整数を探す。$44^2=1936$，$45^2=2025$だから，$\sqrt{44^2}<\sqrt{2018}<\sqrt{45^2}$なので，$44<\sqrt{2018}<45$　よって，$[\sqrt{2018}]=44$である。

(3) $\dfrac{[\sqrt{2018}]}{\sqrt{m}}=\dfrac{44}{\sqrt{m}}$だから，$\sqrt{m}$が44の約数になればよい。44の約数は1，2，4，11，22，44の6個あるから，条件に合う自然数mの値は，1^2，2^2，4^2，11^2，22^2，44^2の6個ある。

平成 ㉙ 年度 解答例・解説

================= 《解答例》 =================

1 (1) 6　　(2) 36　　(3) $\dfrac{3}{2}$　　(4) 0，8　　(5) $\dfrac{2}{9}$　　(6) 4.5 点　　(7) a＝12.5　 b＝5　　(8) 110　　(9) $\dfrac{\pi}{2}-\dfrac{\sqrt{3}}{2}$

(10) 4

2 (1) 3　　(2) $\dfrac{7}{2}$　　(3) 3

3 (1) 4：3　　(2) $\dfrac{\sqrt{37}}{2}$

4 (1) a＝4　 b＝2　　(2) 6　　(3) 69

================= 《解　説》 =================

1 (1) 与式より，$4x-9=-1+16$　　$4x=24$　　$x=6$

(2) $a^2-4ab+4b^2=(a-2b)^2$ より，この式に $a＝8.4$，$b＝1.2$ を代入して，$(8.4-2\times1.2)^2=6^2=36$

(3) x と y は反比例しているから，$y=\dfrac{a}{x}$ とする。$x=3$ のとき $y=6$ だから，$6=\dfrac{a}{3}$ より，$a=18$ となる。
したがって，$y=\dfrac{18}{x}$ だから，この式に $y=12$ を代入すると，$12=\dfrac{18}{x}$ より，$x=\dfrac{3}{2}$ となる。

(4) 2次方程式の解がただ1つとなるのは，$(x-m)^2=0$ の形に変形できるときである。この式の左辺を展開すると，$x^2-2mx+m^2=0$ となるから，$x^2-ax+2a=0$ と係数を比べると，$a=2m$，$2a=m^2$ となる。
したがって，$m=\dfrac{1}{2}a$ だから，$2a=m^2$ より，$2a=(\dfrac{1}{2}a)^2$ が成り立つ。これを解くと，$a=0$，8 となる。

(5) $\dfrac{b}{a}$ の値がある数の2乗の値になればよい。2つのさいころの目の出方は全部で，$6\times6=36$（通り）ある。$\dfrac{b}{a}$ の値がある数の2乗の値となるのは，$\dfrac{b}{a}$ の値が，$\dfrac{1}{4}=(\dfrac{1}{2})^2$，$1=1^2$，$4=2^2$ の場合であり，そのときの目の出方は，右の表で○をつけた8通りである。よって，求める確率は，$\dfrac{8}{36}=\dfrac{2}{9}$

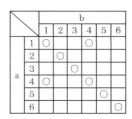

(6) $10\div2=5$ となるから，点数を低い順に並べたときに5番目と6番目にくる点数の平均が中央値である。点数を低い順に並べると，1点，2点，2点，3点，4点，5点，…と続くから，求める中央値は，$\dfrac{4+5}{2}=4.5$（点）

(7) Cができるときのとき AとBの混ぜ合わせる量を自分で決めて，できるCを利用して考えるとよい。
200gのAと100gのBを混ぜ合わせると，10％のCが $200+100=300$（g）できる。この300gのCと $300\times\dfrac{2}{3}=200$（g）のBを混ぜ合わせると，8％のDが $300+200=500$（g）できる。300gのCに含まれる食塩の量は $300\times\dfrac{10}{100}=30$（g）だから，500gのDに含まれる食塩の量について，$200\times\dfrac{b}{100}+30=500\times\dfrac{8}{100}$ が成り立つ。これを解くと，$b=5$ となる。また，300gのCに含まれる食塩の量について，$200\times\dfrac{a}{100}+100\times\dfrac{5}{100}=30$ が成り立つから，これを解くと，$a=12.5$ となる。

(8) 6，12，18 のどれで割っても2余る，最小の自然数は2である。6と12と18の最小公倍数は36だから，6，12，18 のどれで割っても2余る自然数は2から36大きくなるごとに現れる。そのような自然数は，2，38，74，110，…と続くから，3桁の自然数では110が最小である。

(9) 求める面積は，半円Oの面積と△ABCの面積の差にあたる。
ABが直径だから∠ACB＝90°とわかるため，△ABCにおいて，∠ABC＋∠CAB＝180－90＝90（°）である。また，1つの円周上において，弧の長さと円周角の大きさは比例するから，$\overset{\frown}{\mathrm{AC}}:\overset{\frown}{\mathrm{CB}}=2:1$ より，∠ABC：∠CAB＝2：1となる。したがって，∠ABC＝$90\times\dfrac{2}{2+1}=60$（°）だから，△ABCは3辺の長さがBC：AB：CA＝1：2：$\sqrt{3}$ の直角三角形である。半円Oの半径は $2\times\dfrac{1}{2}=1$（cm）であり，BC＝$\dfrac{1}{2}$AB＝

(6)

1 (cm)，$CA=\sqrt{3}\ BC=\sqrt{3}$ (cm)だから，求める面積は，$1^2\pi\times\dfrac{1}{2}-\dfrac{1}{2}\times1\times\sqrt{3}=\dfrac{\pi}{2}-\dfrac{\sqrt{3}}{2}$ (cm²)

(10) △ABHで三平方の定理を用いると，$BH=\sqrt{AB^2-AH^2}=5$ (cm)

また，△ACHで三平方の定理を用いると，$CH=\sqrt{AC^2-AH^2}=9$ (cm)

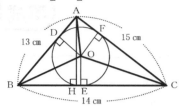

円の中心をOとし，右のように作図すると，△ABCを△OAB，△OBC，

△OCAの3つに分けることができる。これらの三角形は，底辺をそれぞれ

AB，BC，ACとしたときの高さが r cmである。

$△ABC=\dfrac{1}{2}\times BC\times AH=84$ (cm²)だから，△ABCの面積について，$\dfrac{1}{2}\times13\times r+\dfrac{1}{2}\times14\times r+\dfrac{1}{2}\times15\times r=84$

が成り立つ。これを解くと，$r=4$ となる。

$\boxed{2}$ (1) Aは $y=x^2$ のグラフ上の点で x 座標が $-\dfrac{1}{2}$ だから，$y=\left(-\dfrac{1}{2}\right)^2=\dfrac{1}{4}$ より，$A\left(-\dfrac{1}{2}，\dfrac{1}{4}\right)$ である。同様にして

Bの座標を調べると，$B\left(\dfrac{7}{2}，\dfrac{49}{4}\right)$ となる。

2点を通る直線の傾きは2点間の変化の割合に等しいから，求める直線の傾きは，$\left(\dfrac{49}{4}-\dfrac{1}{4}\right)\div\left\{\dfrac{7}{2}-\left(-\dfrac{1}{2}\right)\right\}=3$

(2) 直線ABと y 軸の交点をCとすると，△OAB＝△OAC＋△OBCである。

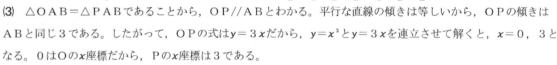

△OACと△OBCの底辺をOCとしたときの高さはそれぞれ，Aの x 座標の絶対

値，Bの x 座標の絶対値となる。したがって，OCの長さを調べるため，はじめに

直線ABの式を求める。直線ABの式を $y=3x+c$ とすると，Aの座標から，

$\dfrac{1}{4}=3\times\left(-\dfrac{1}{2}\right)+c$ が成り立つ。これを解くと $c=\dfrac{7}{4}$ となるから，直線ABの式は

$y=3x+\dfrac{7}{4}$ であり，$C\left(0，\dfrac{7}{4}\right)$ である。

したがって，$OC=\dfrac{7}{4}$ だから，求める面積は，$△OAB=\dfrac{1}{2}\times\dfrac{7}{4}\times\dfrac{1}{2}+\dfrac{1}{2}\times\dfrac{7}{4}\times\dfrac{7}{2}=\dfrac{7}{2}$

(3) △OAB＝△PABであることから，OP∥ABとわかる。平行な直線の傾きは等しいから，OPの傾きは

ABと同じ3である。したがって，OPの式は $y=3x$ だから，$y=x^2$ と $y=3x$ を連立させて解くと，$x=0$，3 と

なる。0はOの x 座標だから，Pの x 座標は3である。

$\boxed{3}$ (1) 立体の表面上の2線分の長さの和が最短になるのは，展開図で2線分が一直線になるときである。

このため，正四角錐O－ABCDの展開図の一部を右のように作図する。

四角形OABCはすべての辺の長さが等しいから，ひし形である。したがって，

OC∥ABだから△PAB∽△PEOが成り立ち，相似比はAB：EO＝4：3

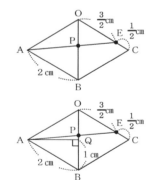

となるため，AP：EP＝4：3である。よって，AP：PE＝4：3

(2) (1)の解説から，PB：PO＝4：3とわかるから，$PB=\dfrac{4}{4+3}OB=\dfrac{8}{7}$ (cm)

である。右のように作図すると，△ABQはBQ：AB：AQ＝1：2：$\sqrt{3}$ の直

角三角形となり，$AQ=\sqrt{3}\ BQ=\sqrt{3}$ (cm)となる。$PQ=PB-BQ=\dfrac{1}{7}$ (cm)だ

から，△APQで三平方の定理を用いると，$AP=\sqrt{AQ^2+PQ^2}=\dfrac{2\sqrt{37}}{7}$ (cm)と

なる。よって，求める長さの和は，$\dfrac{4+3}{4}AP=\dfrac{\sqrt{37}}{2}$ (cm)

$\boxed{4}$ (1) $6！=1\times2\times3\times4\times5\times6=2\times3\times2^2\times5\times(2\times3)=2^4\times3^2\times5$ となるから，$a=4$，$b=2$

(2) 整数の末尾に続く0の個数は，その整数を10で割り切れる回数と同じである。$10=2\times5$ だから，10で割り

切れる回数は，2で割り切れる回数と5で割り切れる回数のうち，少ない方の回数である。したがって，1から25

までの各整数について，2で割り切れる回数と5で割り切れる回数のうち少ない方の回数が何回かを調べればよい。

1から25までの連続する整数の中には2の倍数より5の倍数の方が少ないから，5で割り切れる回数の方が少な

い。1から25までの25個の整数について，$25\div5=\underline{5}$ より，5で1回割り切れる整数は $\underline{5}$ 個ある。$\underline{5}\div5=\underline{1}$ よ

り，5で2回割り切れる整数は $\underline{1}$ 個ある。$\underline{1}\div5=0$ 余り1より，5で3回以上割り切れる整数はない。

したがって，25！は10で5 ＋ 1 ＝ 6 (回)割り切れるから，求める個数は6個である。

(3) (2)の解説をふまえて，5の倍
数を小さい方から順に5で何回割

5の倍数	5	10	15	20	25	30	35	40	45	50	55	60	65	70	…
5で割り切れる回数(回)	1	1	1	1	2	1	1	1	1	2	1	1	1	1	…
回数の累計(回)	1	2	3	4	6	7	8	9	10	12	13	14	15	16	…

り切れるかを調べると，右上の表のようになる。この表から，65！で初めて末尾に並ぶ0の個数が15個になり，

70！で初めて末尾に並ぶ0の個数が16個になるとわかる。よって，条件にあう最大の整数nは69である。

─────────《解答例》─────────

1 (1) 1　　(2) $x=19$　$y=26$　　(3) $-\dfrac{2}{5}$　　(4) 37, 41, 43　　(5) $\sqrt{7}$, π , $-\dfrac{2}{\sqrt{2}}$　　(6) -6 , -2

　　(7) $\dfrac{8}{25}$　　(8) 180　　(9) $2\sqrt{13}$　　(10) $24\sqrt{3}$

2 (1) $y=-x+3$　　(2) 12　　(3) $\dfrac{3\sqrt{2}}{2}$

3 (1) 4, 12, 36　　(2) 4

4 (1) 11　　(2) 39　　(3) 135

─────────《解　説》─────────

1 (1)　与式 $=8\div(-16)-2\times\left(\dfrac{1}{4}-1\right)=-\dfrac{1}{2}-2\times\left(-\dfrac{3}{4}\right)=-\dfrac{1}{2}+\dfrac{3}{2}=1$

(2)　$3x-2y-5=0$ より，$3x-2y=5\cdots$①

$(2x+1):3=y:2$ より，$2(2x+1)=3y$　$4x-3y=-2\cdots$②

①×3－②×2で y を消去すると，$9x-8x=15+4$　$x=19$

①に $x=19$ を代入して，$57-2y=5$　$2y=52$　$y=26$

(3)　y の変域に 0 以下の値が含まれるから，このグラフは下に開いているグラフで，$a<0$ である。

x の絶対値が大きいほど y の値は小さくなるから，$x=-5$ のとき $y=-10$ となるので，$y=ax^2$ に代入して，

$-10=25a$　$a=-\dfrac{10}{25}=-\dfrac{2}{5}$

(4)　$\dfrac{1}{5}=\dfrac{36}{180}$，$\dfrac{1}{4}=\dfrac{45}{180}$ より，$\dfrac{36}{180}<\dfrac{n}{180}<\dfrac{45}{180}$ である。n は 37 以上 44 以下の整数のうち，180 と約分できない整数だから，37, 41, 43

(5)　無理数とは有理数でない数であり，有理数とは分母と分子が整数である分数で表すことができる数である（整数はもちろん有理数である）。したがって，0，-1，$\dfrac{2}{3}$ は有理数であり，$\sqrt{7}$，π は無理数である（$\pi=3.14\cdots$は，分数で表すことができないので無理数であることを覚えておくとよい）。他の数は，

$-\sqrt{81}=-9$（有理数），$-\dfrac{2}{\sqrt{2}}=-\dfrac{2\times\sqrt{2}}{\sqrt{2}\times\sqrt{2}}=-\sqrt{2}$（無理数），$\sqrt{0.09}=\sqrt{\dfrac{9}{100}}=\sqrt{\left(\dfrac{3}{10}\right)^2}=\dfrac{3}{10}$（有理数）

よって，無理数は，$\sqrt{7}$，π，$-\dfrac{2}{\sqrt{2}}$

(6)　$x=1$，-3 は，$x^2+(a-2)x+b=0$ を満たすから，$x=1$，-3 それぞれをこの式に代入して，

$1+a-2+b=0$ より，$a+b=1\cdots$①　　$9-3(a-2)+b=0$ より，$-3a+b=-15\cdots$②

①－②で b を消去すると，$a+3a=1+15$　$a=4$　これを①に代入して，$4+b=1$　$b=-3$

$x^2+2ax-4b=0$ に $a=4$，$b=-3$ を代入すると，$x^2+8x+12=0$ となるから，

$(x+6)(x+2)=0$ より，$x=-6$，-2

(7)　1 から 59 までの 3 の倍数は，$59\div3=19$ あまり 2 より，19 個，1 から 9 までの 3 の倍数は $9\div3=3$（個）だから，10 から 59 までの 3 の倍数は，$19-3=16$（個）ある。よって，求める確率は，$\dfrac{16}{50}=\dfrac{8}{25}$

(8)　幼児の入場者数を x 人，小人の入場者数を y 人とすると，大人の入場者数は $1.5y$ 人と表せる。

入場者数の合計について，$x+y+1.5y=1080$ より，$2x+5y=2160\cdots$①

入場料の合計について，$150x+250y+450\times1.5y=360000$ より，$6x+37y=14400\cdots$②

②－①×3で x を消去すると，$37y-15y=14400-6480$　$22y=7920$　$y=360$

$y＝360$ を①に代入して，　$2x＋1800＝2160$　　　$2x＝360$　　　$x＝180$

よって，幼児の入場者数は，180人

(9)　右図のように，辺ADを点Aの方向に延長し，AQ＝ARとなる点Rを
直線AD上にとる。PQ＝PRとなるから，PQ＋PC＝PR＋PCとなる
ため，PQ＋PCの最小値は，点Rと点Cを直線で結ぶ線分CRの長さであ
る。△CDRで，CD＝4，DR＝6だから，三平方の定理より，
$CR＝\sqrt{4^2＋6^2}＝2\sqrt{13}$となる。よって，PQ＋PCの最小値は，$2\sqrt{13}$

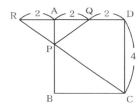

(10)　円の中心をOとし，右のように作図する。

△ADTの内角の和より，

$∠TDA＝180°－90°－∠ATD＝90°－∠ATD$…①

円周角の定理より，$∠TBA＝∠TDA$…②

$∠PTA＝90°－∠ATD$…③

①，②，③より，$∠TBA＝∠PTA$となる。

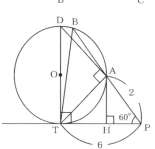

なお，接弦定理を使えば$∠TBA＝∠PTA$とすぐにわかり，直前の5行の内容を考える必要はない。

$∠TBA＝∠PTA$から，△TBP∽△ATPがわかり，相似比はTP：AP＝3：1だから，面積比は，
$3^2：1^2＝9：1$である。したがって，△ABT＝$(9－1)$△ATP＝8△ATP

△AHPはHP：AP：AH＝$1：2：\sqrt{3}$の直角三角形だから，AH＝$\frac{\sqrt{3}}{2}$AP＝$\sqrt{3}$

よって，△ATP＝$\frac{1}{2}×6×\sqrt{3}＝3\sqrt{3}$だから，△ABT＝8△ATP＝$24\sqrt{3}$

② (1)　$y＝\frac{1}{4}x^2$に$x＝－6$，2をそれぞれ代入して2点A，Bのy座標を求めると，A$(－6，9)$，B$(2，1)$
求める直線の式を$y＝mx＋n$とする。2点A，Bはこの直線上の点だから，$9＝－6m＋n$，$1＝2m＋n$
これらを連立方程式として解くと，$m＝－1$，$n＝3$となるから，2点A，Bを通る直線の式は，$y＝－x＋3$

(2)　直線ABとy軸の交点をCとすると，(1)より，直線ABの切片は3だから，C$(0，3)$
△OAB＝△OAC＋△OBCで，△OACと△OBCは底辺をともにOCとみると，高さがそれぞれ
6と2だから，求める面積は，$\frac{1}{2}×3×6＋\frac{1}{2}×3×2＝12$

(3)　2点A，Bの座標から，三平方の定理より，AB＝$\sqrt{(－6－2)^2＋(9－1)^2}＝8\sqrt{2}$
△OABの面積は，(2)より12だから，底辺をAB，高さをOHとみると，$\frac{1}{2}×8\sqrt{2}×OH＝12$
これを解くと，OH＝$\frac{3\sqrt{2}}{2}$

③ (1)　$36＝2^2×3^2$，$9＝3^2$だから，bの値としてまず考えられるのは，$2^2＝4$である。

他にbとして考えられるのは，$b＝2^2×3^n$（nは自然数）だが，nが3以上になると，最小公倍数が$2^2×3^n$
になってしまうので，nは1～2である。よって，$b＝2^2×3＝12$，$b＝2^2×3^2＝36$が考えられる。

(2)　aとbの最大公約数をcとすると，36の約数は1，2，3，4，6，9，12，18，36だから，cはこ
のいずれかである。$a＝cd$，$b＝ce$とする$⑦（d＜e）$と，$\frac{b}{a}$が整数にならないのは，
$\frac{b}{a}＝\frac{ce}{cd}＝\frac{e}{d}$が整数にならないときである。最小公倍数が36だから，$cde＝36$である。
$⑦$

cの値ごとに場合分けをし，条件（下線部⑦，⑦）を満たすd，eの組を探して，a，bの組を見つける。

$c＝1$のとき，$de＝36$で，条件を満たすのは$d＝4$，$e＝9$だから，$a＝4$，$b＝9$

$c＝2$のとき，$de＝18$で，条件を満たすのは$d＝2$，$e＝9$だから，$a＝4$，$b＝18$

$c＝3$のとき，$de＝12$で，条件を満たすのは$d＝3$，$e＝4$だから，$a＝9$，$b＝12$

c＝4のとき，de＝9で，条件を満たすd，eの組はない。

c＝6のとき，de＝6で，条件を満たすのはd＝2，e＝3だから，a＝12，b＝18

c＝9，12，18，36のときは条件を満たすd，eの組はない。よって，求めるaとbの組は4組である。

4 (1) n＝4のとき，①にx＝4を代入するとy＝2となるので，P（4，2），
②にx＝4を代入するとy＝12となるので，Q（4，12）である。よって，
線分PQ上で，x座標，y座標がともに整数である点は，12－2＋1＝11（個）

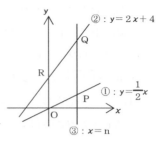

(2) P$\left(n, \frac{1}{2}n\right)$，Q（n，2n＋4）と表せる。x座標，y座標がともに整数
である点の個数を数えているので，nは整数であるが，点Pのy座標はnが奇
数のときは整数にならない。したがって，nが偶数のときと奇数のときで場合
を分けて考える。

nが偶数のとき，$\frac{1}{2}$nは整数だから，線分PQ上でx座標，y座標がともに整数である点は，
$\left(n, \frac{1}{2}n\right)$から（n，2n＋4）までの，$(2n+4)-\frac{1}{2}n+1=\frac{3}{2}n+5$（個）である。$\frac{3}{2}n+5=63$ より，
$n=\frac{116}{3}$ となるが，$\frac{116}{3}$は整数でないので，条件に合わない。

nが奇数のとき，$\frac{1}{2}$nは整数でなく，$\frac{1}{2}$nより大きい最小の整数は$\frac{1}{2}n+\frac{1}{2}$だから，線分PQ上でx座標，
y座標がともに整数である点は，$\left(n, \frac{1}{2}n+\frac{1}{2}\right)$から（n，2n＋4）までの，$2n+4-\left(\frac{1}{2}n+\frac{1}{2}\right)+1=$
$\frac{3}{2}n+\frac{9}{2}$（個）である。$\frac{3}{2}n+\frac{9}{2}=63$ より，n＝39 となり，39は奇数だから，条件に合う。

よって，求めるnの値は，39

(3) まず，⑦②と③とx軸とy軸で囲まれる四角形の周上と内部で，x座標，y座標がともに整数である点の個
数を数え，次に，⑦①と③とx軸で囲まれる三角形のOPをのぞく周上と内部で，x座標，y座標がともに整数
である点の個数を数え，下線部⑦，⑦の差を求めればよい。また，点Rは②の切片だから，R（0，4）である。
下線部⑦は以下のように数える。

x＝0のとき，②上の点はR（0，4）だから，（0，0）から（0，4）までの5個。

x＝1のとき，②上の点は（1，6）だから，（1，0）から（1，6）までの7個。

x＝2のとき，②上の点は（2，8）だから，（2，0）から（2，8）までの9個。

このように，条件に合う点の個数は2個ずつ増えていき，x＝10のとき5＋2×10＝25（個）だから，全部
で，5＋7＋9＋…＋25＝（5＋25）＋（7＋23）＋（9＋21）＋…＋（13＋17）＋15＝30×5＋15＝165（個）

下線部⑦は以下のように数える。

x＝1のとき，①上の点は$\left(1, \frac{1}{2}\right)$だから，（1，0）の1個。

x＝2のとき，①上の点は（2，1）だから，（2，0）の1個。

x＝3のとき，①上の点は$\left(3, \frac{3}{2}\right)$だから，（3，0）（3，1）の2個。

x＝4のとき，①上の点は（4，2）だから，（4，0）（4，1）の2個。

このように，条件に合う点の個数はxが奇数になるたびに1個増えていき，x＝10のとき10÷2＝5（個）だ
から，全部で，1＋1＋2＋2＋…＋5＋5＝（1＋2＋3＋4＋5）×2＝30（個）

以上より，求める個数は，165－30＝135（個）

《解答例》

1 (1) $\dfrac{3}{2}xy^2$　　(2) 0　　(3) 35　　(4) $(x-3)(x-4)$　　(5) $\dfrac{100}{3}$　　(6) 5　　(7) 72　　(8) $\dfrac{6}{7}$　　(9) $4\pi-8$

(10) $\dfrac{7}{10}$

2 (1) $\dfrac{1}{3}$　　(2) $(2\sqrt{3}$, $4)$　　(3) $(\sqrt{30}$, $10)$

3 (1) $\dfrac{100-x}{20}$　　(2) 20

4 (1) $\dfrac{1}{36}$　　(2) $\dfrac{1}{3}$　　(3) $(0$, $4)(1$, $0)(1$, $6)(2$, $0)(2$, $3)(3$, $0)$

《解　説》

1 (1) 与式 $=-x^6y^3\times\dfrac{1}{4x^6y^2}\times(-6xy)=\dfrac{x^6y^3\times6xy}{4x^6y^2}=\dfrac{3}{2}xy^2$

(2) 与式 $=\sqrt{3^2\times3}-\dfrac{27\times\sqrt{3}}{\sqrt{3}\times\sqrt{3}}+\sqrt{6^2\times3}=3\sqrt{3}-9\sqrt{3}+6\sqrt{3}=0$

(3) 与式 $=(a+b)(a-b)$ より，この式に a＝6.75，b＝3.25 を代入して，

$(6.75+3.25)\times(6.75-3.25)=10\times3.5=35$

(4) 与式 $=2(x^2-2x+1)-(x^2+3x-10)$

　　 $=2x^2-4x+2-x^2-3x+10=x^2-7x+12=(x-3)(x-4)$

(5) 有理数は分数で表せる数のことだから，分子が 20 と 25 の公倍数，分母が 21 と 24 の公約数である正の
分数であれば，$\dfrac{21}{20}$，$\dfrac{24}{25}$ のそれぞれにかけた値が自然数となる。このような数のうち，最小の数は，分子が
最小公倍数の 100，分母が最大公約数の 3 である，$\dfrac{100}{3}$ となる。

(6) $y=bx^2$ の x の値が m から n まで増加するときの変化の割合は，b$(m+n)$ で求められる。

このことから，$-2(2+a)=-14$ より，これを解くと a＝5 となる。

(7) 多角形の外角の和は 360° になるから，$\angle x=360-20-45-50-43-40-(180-90)=72(°)$

(8) 与式 $=\dfrac{1}{1\times2}+\dfrac{1}{2\times3}+\dfrac{1}{3\times4}+\dfrac{1}{4\times5}+\dfrac{1}{5\times6}+\dfrac{1}{6\times7}$

　　 $=(\dfrac{1}{1}-\dfrac{1}{2})+(\dfrac{1}{2}-\dfrac{1}{3})+\cdots+(\dfrac{1}{6}-\dfrac{1}{7})=1-\dfrac{1}{7}=\dfrac{6}{7}$

(9) △ABC において，$\angle ACB=180-70-65=45(°)$

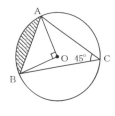

円の中心を O とすると，円周角の定理から，$\angle AOB=2\angle ACB=90(°)$ とわかる。

右図より，求める面積は，$4^2\pi\times\dfrac{90}{360}-\dfrac{1}{2}\times4\times4=4\pi-8$ (cm²)

(10) 半円の弧に対する円周角は 90° だから，$\angle BAC=90°$

三平方の定理により，$BC=\sqrt{AB^2+AC^2}=5$ (cm) とわかるから，

円 O の半径は $5\div2=\dfrac{5}{2}$ (cm) である。

$\angle C$ が共通だから，△HAC∽△ABC で，相似比は HC：AC＝AC：BC＝4：5 となるため，

$HC=\dfrac{4}{5}AC=\dfrac{16}{5}$ (cm) である。

よって，求める長さは，$OH=HC-OC=\dfrac{7}{10}$ (cm)

2 (1) $y=ax^2$ のグラフは点 C $(\sqrt{3}$, $1)$ を通るから，$1=a\times(\sqrt{3})^2$ より，$a=\dfrac{1}{3}$

(2) 題意より，ＡＤとＢＣはx軸に平行とわかるから，

ＡＢ＝ＣＤ＝ＢＣ＝$2\sqrt{3}$となる。

右のように作図すると，△ＱＣＤは3辺の長さの比が $\overset{QD}{1}:\overset{CD}{2}:\overset{QC}{\sqrt{3}}$ の

直角三角形だから，ＱＤ＝$\frac{1}{2}$ＣＤ＝$\sqrt{3}$，ＱＣ＝$\sqrt{3}$ＱＤ＝3とわかる。

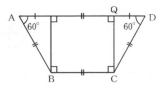

よって，点Ｄのx座標は$\sqrt{3}+\sqrt{3}=2\sqrt{3}$，$y$座標は$1+3=4$とわかり，Ｄ$(2\sqrt{3}$，$4)$となる。

(3) (2)の解説より，ＡＤ＝$\sqrt{3}+2\sqrt{3}+\sqrt{3}=4\sqrt{3}$とわかるから，△ＢＣＰの底辺ＢＣと，台形ＡＢＣＤ

の上底＋下底の比は，$2\sqrt{3}:(4\sqrt{3}+2\sqrt{3})=1:3$となる。△ＢＣＰと台形ＡＢＣＤの面積が等しい

から，このときの高さの比は$3:1$とわかり，2点Ｃ，Ｐのy座標の差は$3\times3=9$となる。したがって，

点Ｐのy座標は$1+9=10$であり，$10=\frac{1}{3}x^2$を解くと，$x=\pm\sqrt{30}$となる。

点Ｐのx座標は正だから，その座標はＰ$(\sqrt{30}$，$10)$となる。

3 (1) 残りの食塩水は，濃度が5%で，重さが$(100-x)$ｇだから，これに含まれる食塩の量は，

$(100-x)\times\frac{5}{100}=\frac{100-x}{20}$（ｇ）である。

(2) さらに$2x$ｇの食塩水を取り出したときの残りの食塩水は，濃度が$(\frac{100-x}{20}\div100)\times100=\frac{100-x}{20}$（％）で，

重さが$(100-2x)$ｇだから，これに含まれる食塩の量は，$(100-2x)\times(\frac{100-x}{20}\div100)=\frac{x^2-150x+5000}{1000}$（ｇ）

と表せる。

これが，最後の食塩水に含まれる食塩の量，つまり $100\times\frac{2.4}{100}=2.4$（ｇ）と等しいから，$\frac{x^2-150x+5000}{1000}=2.4$

より，$x^2-150x+2600=0$　　$(x-20)(x-130)=0$　　$x=20$，130

題意より，$x<100$だから，条件にあうのは$x=20$である。

4 どちらの袋も，カードの取り出し方が6通りずつだから，カードの取り出し方は$6\times6=36$（通り）ある。

(1) 2次方程式の解が1つになるのは，$(x+n)^2=0$の形にできるときである。この2次方程式は

$x^2+2nx\underline{+n^2}=0$となり，定数項（下線をつけた部分）は必ず0以上の整数になることと，

$x^2+ax\underline{-b}=0$の定数項は必ず0以下の整数になることから，条件にあうのは，ｂ＝ｎ＝0のときとわか

る。このときの2次方程式は$x^2=0$だから，ａ＝0であり，カードの取り出し方は1通りとわかる。

よって，求める確率は$\frac{1}{36}$となる。

(2) 異なる2つの整数の解をｐ，ｑとする$(p<q)$と，2次方程式は$(x-p)(x-q)=0$と表せる。

この2次方程式は$x^2-(p+q)x+pq=0$となるから，$x^2+ax-b=0$と係数を比較すると，

ａ＝$-(p+q)$，ｂ＝$-pq$である。ａ，ｂはともに0以上の整数になるから，ｐはｑよりも絶対値が大き

い（または等しい）負の数とわかる。

ｂ＝0のとき，ｑ＝0で，ｐは負の数であればよいから，ａの値から

ａ＝$-(p+q)$を満たすｐの値を探すと，右表①の5通り見つかる。

表①

a	p	q
0	×	0
1	−1	0
2	−2	0
3	−3	0
4	−4	0
6	−6	0

$b=3$，4，6，8，12のとき，p，qは，積が$-b$となる整数であることから

探すことができ，それぞれの場合の$-(p+q)$の値は右表②のようになる。

この中でaの値として条件にあうのは，〇印をつけた7通りである。

以上より，条件にあう取り出し方は$5+7=12$（通り）となるから，求める確率は，

$\dfrac{12}{36}=\dfrac{1}{3}$

(3)　(2)の解説の2つの表において，p，qの値が条件にあうのは，

$(a，b)=(0，4)(1，0)(1，6)(2，0)(2，3)(3，0)$のときとわかる。

表②

b	p	q	-(p+q)	
3	-3	1	2	〇
4	-4	1	3	〇
	-2	2	0	
6	-6	1	5	
	-3	2	1	〇
8	-8	1	7	
	-4	2	2	〇
12	-12	1	11	
	-6	2	4	〇
	-4	3	1	〇

=== 《解答例》 ===

1 (1) -3　　(2) $6\sqrt{3}$　　(3) $a=\dfrac{5}{2}$　　(4) $a=-4$　　$b=0$　　(5) $\dfrac{15}{2}$　　(6) $\dfrac{x}{y}=2$　　(7) $y=\dfrac{x}{100}+1$　　(8) $\dfrac{5}{12}$

　　(9) $n=824$　　(10) $\sqrt{5}-1$

2 (1) $a=\dfrac{1}{4}$　　(2) $y=-\dfrac{1}{2}x+12$　　(3) $(2,\ 1)$

3 (1) C　　(2) 101　　(3) 189

4 (1) $a=6$　　(2) $a=13$

=== 《解　説》 ===

1 (1)　与式 $=(-1)\times(-16)-(16+3)=16-19=-3$

(2)　与式 $=4\sqrt{3}+\sqrt{12}=4\sqrt{3}+2\sqrt{3}=6\sqrt{3}$

(3)　方程式に $x=4$ を代入すると，$\dfrac{2\times4+a}{3}-\dfrac{4a-5}{2}=1$

$2(8+a)-3(4a-5)=6$　　$16+2a-12a+15=6$　　$-10a=-25$　　$a=\dfrac{5}{2}$

(4)　$y=x^2$ は上に開いた放物線なので，x の絶対値が大きいほど y の値は大きくなる。

$x=3$ のとき $y=3^2=9$ だから，$x=a$ のとき $y=16$ となるため，$16=a^2$ より，$a=\pm4$ となる。

$a\leqq3$ より，$a=-4$　　また，x の変域が 0 を含むから，$b=0$

(5)　△ABF と△CDE において中点連結定理を利用する。

DE：AF $=1:2$ より，AF $=2$DE $=10$(cm)　　GF：DE $=1:2$ より，GF $=\dfrac{1}{2}$DE $=\dfrac{5}{2}$(cm)

よって，AG $=$ AF $-$ GF $=\dfrac{15}{2}$(cm)

(6)　円錐の側面積は(母線)×(底面の半径)×$\pi=5\times3\times\pi=15\pi$(cm²)だから，$x=15\pi+3^2\pi=24\pi$ である。

三平方の定理より円錐の高さは $\sqrt{5^2-3^2}=4$(cm)だから，$y=\dfrac{1}{3}\times3^2\pi\times4=12\pi$ である。

よって，$\dfrac{x}{y}=\dfrac{24\pi}{12\pi}=2$

(7)　x ％値上げした価格は，元の価格の $\left(1+\dfrac{x}{100}\right)$ 倍だから，$y=\dfrac{x}{100}+1$

(8)　異なる 2 つのさいころの目の出方は全部で 36 通りある。

$a=1$ のとき，$\dfrac{b^2}{6}$ が整数になるのは $b=6$ の 1 通り。

$a=2$ のとき，$\dfrac{b^2}{3}$ が整数になるのは $b=3$，6 の 2 通り。

$a=3$ のとき，$\dfrac{b^2}{2}$ が整数になるのは $b=2$，4，6 の 3 通り。

$a=4$ のとき，$\dfrac{2b^2}{3}$ が整数になるのは $b=3$，6 の 2 通り。

$a=5$ のとき，$\dfrac{5b^2}{6}$ が整数になるのは $b=6$ の 1 通り。

$a=6$ のとき，b^2 が整数になるのは $b=1\sim6$ の 6 通り。

したがって，$\dfrac{ab^2}{6}$ が整数になる目の出方は $1+2+3+2+1+6=15$(通り)あるから，求める確率は，

$\dfrac{15}{36}=\dfrac{5}{12}$

(9)　3 桁の自然数の百の位，十の位，一の位の数をそれぞれ a，b，c とする。$a=bc$ で a は 0 ではない

から，b，c も 0 ではない。

また，4 の倍数は下 2 桁が 00 か 4 の倍数だから，$10b+c$ は 4 の倍数である。

したがって，b＋c＝6から10b＋cが4の倍数となるb，cの値を考えると，b＝2，c＝4とわかる。

よって，a＝2×4＝8より，n＝824

(10) △ABCは二等辺三角形だから，∠ABC＝∠ACB＝(180－36)÷2＝72(°)

∠ABD＝∠CBD＝$\frac{1}{2}$∠ABC＝36(°)で，△ABC∽△BDCとなるから，△DABと△BDCはともに二等辺三角形である。

以上より，BC＝BD＝ADであり，この長さをxとおく。

BDは∠ABCの2等分線だから，BA：BC＝AD：CDより，2：x＝x：(2－x)　x^2＋2x－4＝0

これを解くとx＝－1±$\sqrt{5}$となり，x＞0なので，AD＝x＝$\sqrt{5}$－1

2 (1) $y=\frac{1}{2}x+6$にx＝6を代入すると，$y=\frac{1}{2}×6+6=9$だから，点Cの座標は(6，9)である。

この座標の値を$y=ax^2$に代入すると，9＝a×6²　a＝$\frac{1}{4}$

(2) $y=\frac{1}{4}x^2$の式より点Dの座標は(－8，16)とわかるので，直線CDの傾きは，$\frac{9-16}{6-(-8)}=-\frac{1}{2}$

直線CDの式を$y=-\frac{1}{2}x+b$とし，点Cの座標の値を代入して整理すると，b＝12となる。

よって，直線CDの式は，$y=-\frac{1}{2}x+12$

(3) △ACDと△BCDは共通の辺CDをもつので，AB//DCのとき面積が等しくなる。

$y=\frac{1}{4}x^2$と$y=\frac{1}{2}x+6$を連立させて解くと，A(－4，4)とわかる。

直線ABの傾きは直線CDと等しく－$\frac{1}{2}$であり，この傾きと点Aの座標から，直線ABの式は$y=-\frac{1}{2}x+2$

となる。

$y=\frac{1}{4}x^2$と$y=-\frac{1}{2}x+2$を連立させて解くと，B(2，1)とわかる。

3 (1) 最初のAから2番目のAの1つ前のIまでに並んでいる15個の文字を1つの周期として，文字は並んでいる。200番目の文字は，200÷15＝13余り5より，14回目の周期の5番目の文字のCである。

(2) 1回の周期にCは3個含まれる。500番目の文字は，500÷15＝33余り5より，34回目の周期の5番目の文字のCである。よって，求める個数は，3×33＋2＝101(個)

(3) 1回の周期にIは7個含まれる。(2)より，1番目から500番目までの間に入っている文字Iの個数は，7×33＋2＝233(個)

99番目の文字は，99÷15＝6余り9より，7回目の周期の9番目の文字のHだから，1番目から99番目までの間に入っている文字Iの個数は，7×6＋2＝44(個)

よって，求める個数は，233－44＝189(個)

4 (1) 直線OPと直線OP'の傾きが等しくなるので，2点P，P'は直線OP上にあり，直線OPの式は

$y=2x$である。

x＝1，y＝2だから，x'＝2×1＋3×2＝8，y'＝4×1＋2a＝2a＋4となり，$y=2x$にx＝8，

y＝2a＋4を代入すると，2a＋4＝2×8　a＝6

(2) 点Pと点P'が一致するので，$x'=x$，$y'=y$を問題文の式に代入して整理すると，

$\begin{cases} x=-3y\cdots① \\ 4x+ay-y=0\cdots② \end{cases}$

②に①を代入すると，4×(－3y)＋ay－y＝0　y(a－13)＝0

y＝0だとすると，①よりx＝0となり，点Pが原点と重なるので条件にあわない。

よって，a－13＝0より，a＝13

=== 《解答例》 ===

$\boxed{1}$ (1) -18　　(2) 1　　(3) $c=-\dfrac{1}{3}(5a-2b)$ 〔別解〕 $c=\dfrac{-5a+2b}{3}$　　(4) $1\leqq y\leqq 6$

(5) $x=2$　$y=-6$　　(6) $x=\dfrac{-4\pm\sqrt{26}}{5}$　　(7) 9　　(8) $b=25(a-8)$ 〔別解〕 $b=25a-200$　　(9) 156

(10) $\dfrac{24}{5}$

$\boxed{2}$ (1) $\sqrt{3}$　　(2) $\dfrac{\sqrt{3}}{4}$　　(3) $\dfrac{\pi}{2}$

$\boxed{3}$ (1) 12　　(2) $23,\ 58,\ 93$

$\boxed{4}$ (1) 39　　(2) $5,\ 6$　　(3) $3,\ 20$

=== 《解　説》 ===

$\boxed{1}$ (1) 　与式$=\dfrac{-25+16-9}{1}=-18$

(2) 　与式$=\dfrac{2(x-1)}{10}+\dfrac{5(x+2)}{10}=\dfrac{2x-2+5x+10}{10}=\dfrac{7x+8}{10}$

$x=\dfrac{2}{7}$を代入すると，$\dfrac{1}{10}\left(7\times\dfrac{2}{7}+8\right)=\dfrac{1}{10}\times 10=1$

(3) 　与式より，$5a=2b-3c$　$-3c=5a-2b$　$c=-\dfrac{1}{3}(5a-2b)$

(4) 　yをxの式で表すと，$xy=3\times 2=6$より，$y=\dfrac{6}{x}$

$y=\dfrac{6}{x}$に$x=1$を代入すると，$y=\dfrac{6}{1}=6$　　$y=\dfrac{6}{x}$に$x=6$を代入すると，$y=\dfrac{6}{6}=1$

よって，yの変域は，$1\leqq y\leqq 6$

(5) 　$0.2x+0.1y=-0.2$より，$2x+y=-2$　$y=-2x-2$

$\dfrac{x}{2}+1=-\dfrac{y}{3}$に$y=-2x-2$を代入すると，$\dfrac{x}{2}+1=-\dfrac{-2x-2}{3}$　$3x+6=-2(-2x-2)$

$3x+6=4x+4$　$x=2$

$y=-2x-2$に$x=2$を代入すると，$y=-2\times 2-2=-6$

(6) 　二次方程式の解の公式より，$x=\dfrac{-8\pm\sqrt{8^2-4\times 5\times(-2)}}{2\times 5}=\dfrac{-8\pm 2\sqrt{26}}{10}=\dfrac{-4\pm\sqrt{26}}{5}$

(7) 　与式$=6\sqrt{6\times 3}+3\sqrt{6\times 8}-12\sqrt{3}-6\sqrt{8}+6-2\sqrt{6\times 3}+3$

$=18\sqrt{2}+12\sqrt{3}-12\sqrt{3}-12\sqrt{2}+6-6\sqrt{2}+3=9$

(8) 　8％の食塩水において，食塩の量は$200\times\dfrac{a}{100}=2a$（g），食塩水の量は$(200+b)$ gだから，

$\dfrac{2a}{200+b}\times 100=8$　$200a=1600+8b$　$8b=200a-1600$　$b=25a-200=25(a-8)$

(9) 　$\sqrt{\dfrac{150}{n}}$が整数となるのは$\dfrac{150}{n}$が整数の2乗になるときである。nが自然数だから，150の約数のなかで，

$\dfrac{150}{n}$が整数の2乗になる数を考えればよい。

$150=2\times 3\times 5^2$だから，$n=2\times 3=6$のとき$\sqrt{\dfrac{150}{n}}=\sqrt{5^2}=5$となり，$n=150$のとき，

$\sqrt{\dfrac{150}{n}}=\sqrt{1}=1$となる。

よって，求める和は，$6+150=156$

(10) 点Aから辺BCに垂線ADをひき，点Aと点Qを結ぶ(右図参照)。

二等辺三角形の頂点から底辺にひいた垂線は底辺の中点を通るので，

BD＝8÷2＝4

△ABDは直角三角形だから，三平方の定理より，AD＝$\sqrt{AB^2-BD^2}$＝3

したがって，△ABC＝$\frac{1}{2}$×BC×AD＝12

また，△ABQ＝$\frac{1}{2}$×AB×PQ＝$\frac{5}{2}$PQ，△ACQ＝$\frac{1}{2}$×AC×QR＝$\frac{5}{2}$QRより，

△ABC＝△ABQ＋△ACQ＝$\frac{5}{2}$PQ＋$\frac{5}{2}$QR＝$\frac{5}{2}$(PQ＋QR)

よって，$\frac{5}{2}$(PQ＋QR)＝12　PQ＋QR＝$\frac{24}{5}$

2 (1) OB＝BC＝1より，OC＝OB＋BC＝2

円の接線は接点を通る半径に垂直だから，△OPCは∠OPC＝90°の直角三角形である。三平方の定理より，

CP＝$\sqrt{OC^2-OP^2}$＝$\sqrt{3}$

(2) △OPC＝$\frac{1}{2}$×CP×OP＝$\frac{\sqrt{3}}{2}$

△OPCと△OPBは，底辺をそれぞれOC，OBとしたときの高さが等しいから，面積比は底辺の長さの比に等しく，△OPC：△OPB＝OC：OB＝2：1

よって，△OPB＝$\frac{1}{2}$△OPC＝$\frac{\sqrt{3}}{4}$

(3) 点PからACに垂線PQをひく(右図参照)。

作られる立体は，PQを半径とする円が底面で，高さがQCの円すいと，

PQを半径とする円が底面で，高さがQOの円すいを合わせた立体である。

△OPC＝$\frac{1}{2}$×OC×PQ＝$\frac{\sqrt{3}}{2}$より，PQ＝$\frac{\sqrt{3}}{2}$だから，

PQを半径とする円の面積は，$(\frac{\sqrt{3}}{2})^2$×π＝$\frac{3}{4}$π

よって，求める体積は，$\frac{1}{3}$×$\frac{3}{4}$π×QC＋$\frac{1}{3}$×$\frac{3}{4}$π×QO＝$\frac{\pi}{4}$(QC＋QO)＝$\frac{\pi}{4}$×2＝$\frac{\pi}{2}$

3 (1) 7で割ると2余る数は，7の倍数に2を足した数であり，これを7m＋2(mは0以上の整数)と表す。

99÷7＝14余り1より，7m＋2の中で最も大きい2桁の自然数は，m＝13のときの，7×13＋2＝93

9÷7＝1余り2より，7m＋2の中で最も大きい1桁の自然数は，m＝1のときの，7×1＋2＝9

よって，7m＋2の中で2桁の自然数は全部で，13－1＝12(個)

(2) (1)と同様に，7で割ると2余る数を7m＋2，5で割ると3余る数を5n＋3(nは0以上の整数)と表す。

7m＋2は小さい方から順に，2，9，16，23，30，…，

5n＋3は小さい方から順に，3，8，13，18，23，…となるから，

7m＋2と5n＋3に共通する最小の数は，23

23以降は，23に7と5の最小公倍数である35を足すごとに7m＋2と5n＋3に共通する数となり，

23＋35＝58，58＋35＝93

よって，求める数は，23，58，93

4 上からa行目，左からb列目の数を(a，b)と表す。

(1) 求める(3，7)は，（1，9)に2を足した数である。

1行目の数に注目すると，となりの数との差は，$2-1=1$，$4-2=2$，$7-4=3$，$11-7=4$，…と1から1ずつ増えている。

したがって，$(1，9)=22+7+8=37$

よって，$(3，7)=37+2=39$

(2) (1)と同様に考えると$(1，10)=37+9=46$ だから，$50-46=4$ より，50 は上から $1+4=5$（行）目，左から $10-4=6$（列）目の数である。

(3) (2)と同様に考えると，$(1，22)=46+10+11+12+13+14+15+16+17+18+19+20+21=232$ だから，$234-232=2$ より，234 は上から $1+2=3$（行）目，左から $22-2=20$（列）目の数である。

英 語

=== 《解答例》 ===

Ⅰ 問１．C→A→D→B　　問２．(1)A　(2)C　(3)B　(4)A　(5)C　　問３．こぶし／ゲンコツ などから１つ
　問４．C

Ⅱ 問１．あ．A　い．D　う．B　え．C　　問２．Thai　　問３．D　　問４．D　　問５．A
　問６．A．London　B．You can enjoy a lot of nice buildings that you have heard of in conversation such as the London
　Bridge and Big Ben.

Ⅲ A．エ，カ，キ　　B．(1)●…キ　▲…イ　(2)●…エ　▲…イ　　C．(1)cheaper／than　(2)size／of

=== 《解 説》 ===

Ⅰ　問１　【Ⅰ本文の要約】参照。
　問２　【Ⅰ本文の要約】参照。(1)　質問「なぜ子どもたちにとって，スーパーで食べ物を選ぶことがよいのです
か？」…第２段落２〜３行目よりAが適切。　　(2)　質問「『バランスのとれた』食事の例ではないのはどの選択
肢ですか？」…第３段落１〜２行目より，食事の半分は野菜や果物にした方がよいので，バランスのとれていない
食事は，野菜や果物が入っていないCである。　　(3)　質問「子どもたちが食事中にスマートフォンを見ると，何
が起こりますか？」…第７段落２〜３行目よりBが適切。　　(4)　質問「なぜゆっくり食べるとよりよいのです
か？」…第７段落３〜４行目よりAが適切。　　(5)　質問「どの選択肢が正しいですか？」…第６段落２〜３行目
より，甘いものは週に２，３回にすべきだから，Cの「毎日ケーキを食べるべきではない」が正しい。
　問３　英英辞典の説明「指をきつく握った手」→「こぶし／げんこつ」
　問４　全般的に，子どもたちによい食習慣を教えることについて，筆者のアドバイスがまとめられているので，C
が適切。

【Ⅰ 本文の要約】

　研究によると，小さい頃食生活がきちんとしている子どもは，大人になってもきちんとした食生活を送っているとい
うことがわかった。また，食習慣が乱れている子どもは大人になって不健康になる傾向にある。 c そしてもちろん，ほ
とんどの親は子どもにきちんと食べてもらいたいと願っている。 Aしかし，子どもにきちんとした食生活を教えるの
は難しいことだ。 Dもし親が子どもに野菜を食べろと常に言わなければならないなら，一緒に食べるのは楽しくなく
なるだろう。 B反対に，もし子どもが自分で食べるものを選べるなら，おそらく健康によくない食べ物を選び，悪い
食習慣がついてしまうだろう。 そこでいくつかアドバイスがある。それらは，子どもによい食習慣を教え，食事の時間
が楽しくなるのに役立つことだ。

　スーパーや農家の市場への買い物は，子どもと一緒に行くべきだ。子どもは様々な食材を見ることができるし，あな
たがどの食材を買うべきかを選ぶのに役立つ。 問2(1)そうすれば子どもたちは自分が食べる食事にもっと興味を持つだろ
う。子どもが大きくなれば，買い物リストを作るときに両親を助けることができる。

　子どもに，バランスのとれた食事とは何なのかを教えるのは大切だ。 問2(2)野菜と果物は私たちのからだを健康にして

くれるビタミンを含むので，食事の半分はそれらにするのがよい。あとの半分は，エネルギー源になり成長を促してくれるので，（米や小麦のような）穀物と（魚，肉，豆腐のような）たんぱく質がよい。スーパーで，どの食材が健康を維持し，どの食材がスポーツや勉強をするためのエネルギーになるのか話し合ってもらいたい。

「よい」食べ物や「悪い」食べ物の話はしてはいけない。代わりに，どの食べ物が（米，牛乳，野菜のように）いつも食べるべきもので，どの食べ物が（フライドポテト，クッキーのように）たまにしか食べてはいけないものなのか，子どもに教えてほしい。

どれくらいの量を食べればいいかを子どもに教えるのもいい考えだ。野菜は好きなだけ食べても構わないが，米やスパゲッティに関しては，子どもの問3こぶしの大きさに合う量であるべきだ。豆腐や肉に関しては，手のひらの大きさ，バターやマヨネーズのような油っこい食物は，親指の先くらいの大きさであるべきだ。

キャンディーやクッキーのような甘いものはおいしく感じるが，食べ過ぎるとからだによくない。問2(5)子どもには，時にはデザートに新鮮な果物を食べ，甘いものは週に2，3回にするように教えよう。

子どもは，自分が食べている量をよく考えるべきだ。食事中はすべての画面のスイッチを切ろう。問2(3)食事中にテレビやスマートフォンを見ていると，満腹感を感じない場合があり，必要以上に食べてしまう。また，問2(4)ゆっくり食べると，からだに満腹に感じる信号を送ることができる。そうすれば食べ過ぎることはない。

食事は家族でしてほしい。もし子どもが，あなたが健康によい食べ物を食べているのを見たら，子どもも健康によい食べ物を食べたくなる。そして，食事中は子どもが興味のあることについて話すこと。そうすれば子どもは食事の時間が楽しみになる。

多くの親にとって，子どもによい食習慣を教えるのは難しい。これらのアイデアは食事の時間を楽しくするのに役立つ。その結果，あなたの子どもは健康的な大人になるだろう。

Ⅱ 問1 【Ⅱ 本文の要約】参照。

　　問2 【Ⅱ 本文の要約】参照。Japanese「日本の」，German「ドイツの」より，第5段落3行目に「タイの」の意味で使われているThaiが適切。なお，国名の「タイ」は1行目などに使われているThailandである。

　　問3 【Ⅱ 本文の要約】参照。下線部①のheartは「中心部」という意味で使われている。同様の意味で使われているのはDである。Aは「心臓」，Bは「記憶」，Cは「心」の意味で使われている。　・know~by heart「～を暗記している」

　　問4 【Ⅱ 本文の要約】参照。

　　問5 【Ⅱ 本文の要約】参照。（　③　）を含む文の「,」より前の文が後ろの文の理由になっているので，Aのbecause「なぜなら～だから」が適切。

　　問6 書ける単語だけを使って文をつくろう。15語～25語で書くこと。例文「あなたはロンドンブリッジやビッグベンのような，話で聞いたことがあるようなたくさんのすばらしい建造物を楽しむことができるよ」

【Ⅱ 本文の要約】

あなたはバンコクについて知っていますか？バンコクはタイの首都で，世界で最もにぎやかな都市のひとつです。ニューヨーク，東京，香港のように，バンコクは決して眠らない街で，そこにはすること，見るものがたくさんあります。実際，バンコクではすることが多すぎて，滞在時間が短いなら，ぁＡすべてを観光するのは無理です。しかし，心配しないでください。私は，バンコクでするべきことのおすすめリストを作ったので，あなたが2，3日間しか行けなくても，たくさん見て楽しい時間を過ごせます。ぜひ参考にしてください。

まず，スカイバーに行ってください。スカイバーとは，高層ビルの屋上にあるバーのことで，街のすばらしい景色を楽しむことができます。バンコクにはいくつかのスカイバーがあります。最も有名なものに，Vertigo & Moon Bar と Red

Sky があります。あまりお金がないなら，いD1 杯だけ飲んで景色を楽しんでください。もちろんもっと安いスカイバーもあります。

　屋台のごはんも経験するべきです。バンコクには多くの種類の屋台があり，一日中何時でも食べ物を買うことができます。バンコクにはあちらこちらに屋台があるので，見つけるのは簡単です。そして，その種類が多いので，必ず食べたいものが見つかります。屋台のごはんは大変安いです！例えば，Satay(串刺しの鶏肉や豚肉)は 10 バーツ(約 35 円)です。勇気があるなら，さそり，クモ，虫などの，普通ではない軽食に挑戦してください。「風変わりな」食べ物が買える屋台もあるのです。

　バンコクの①中心部には，Grand Palace と呼ばれる高層ビルの複合施設があります。ここは，以前はタイの多くの王様の家でした。宮殿の庭は散歩したり，束の間，都会の喧騒から逃れたりするのにすばらしい場所です。Grand Palace に行ったら，うB忘れずにすばらしいメインの建物を見てください。それは Emerald Buddha Temple と呼ばれています。寺の中では，ひすいでできた Emerald Buddha を見ることができます。しかし，身なりを整えなければいけません。短パンやTシャツでは，中に入って美しい仏像を見ることはできません。

　次は，衣服の買い物はどうでしょう？バンコクはお買い得な衣服を見つけるには最高の街です。いたるところに洋服の店がありますが，特に中心のショッピングセンターは Central World です。タイの店は H&M や Zara のようなヨーロッパの店よりも安いということを心に留めておきましょう。あなたがLサイズの服を着ているなら，えCそのサイズを見つけるのは難しいでしょう。しかし，Sサイズを着ているなら，バンコクは買い物天国です。

　水上マーケットにも行ってください。街の郊外には複数の水上マーケットがあります。多くの場所は行くのに数時間かかるので，旅行会社に予約をしておくべきです。②水上マーケットに行くことは，タイの文化やタイの人々の生活を理解するとてもよい方法です。カメラをお忘れなく！

　これらはバンコクですることのいくつかにすぎませんが，初めての場合はこれで十分です。③Aなぜなら(＝because)バンコクに滞在するのはとても安いから，いつでもまた行けるからです！

【Ⅱ問6 会話文の要約】

友達　：夏休みにバンコクに行ったんだよ。

あなた：わあ，すごい！楽しかった？

友達　：もちろんだよ！

あなた：バンコクで何が一番よかった？

友達　：食べ物は全部おいしかったし，たくさんすばらしい建物があって見学したよ！またバンコクに行くつもりだよ。あなたは？もう一度行きたいところはどこ？

あなた：私は [　A　] にまた行きたいな。

友達　：なぜ？

あなた：[　B　]

Ⅲ　A　ア　been caught→caught：catch cold「風邪をひく」は受動態ではなく能動態で使う。

　　イ　feel→feels：everyone「みんな」は単数扱いだから，主語が三人称単数の文である。

　　ウ　to run→running：・stop to ～「～するために立ち止まる」　　・stop ～ing「～するのをやめる」

　　オ　never→ever：「これは私が見たことがある最も大きな家です」最上級をともなう名詞を関係代名詞を使って「今まで～した○○」と修飾するときは〈○○ that I have ever ～〉となる。

　　ク　I'm easy→It is easy for me：〈it is…for＋人＋to～〉「(人)が～するのは…だ」の文。it(＝形式主語)は to 以下を指す。

B(1)　The title <u>doesn't</u> tell you what this book <u>is</u> written about.：you の後ろは受動態の間接疑問文で，〈what＋this book
＋is written〉の語順となる。　　・tell＋人＋もの「(人)に(もの)を言う／教える」

(2)　I wonder when <u>to</u> give <u>her</u> a present.：wonder の後ろは〈when to give〉「いつあげるべきか」の語順となる。
・give＋人＋もの「(人)に(もの)をあげる」

C(1)　上の文「彼女のコンピュータは彼の<u>ほど高価ではない</u>」は「彼女のコンピュータは彼の<u>よりも安い</u>」と同じ
意味だから cheaper than が適切。

(2)　上の文「あなたの学校の図書館は<u>どれくらいの大きさか</u>私に教えてくれますか？」は「あなたの学校の図書館
の大きさを教えてくれますか？」と同じ意味だから size of が適切。　　・the size of ~「~の大きさ」

═══════════ 《解答例》 ═══════════

I 問1．a yellow fruit that grows on trees a "banana" 問2．感情／気持ち などから1つ 問3．sky

　　問4．Japanese 問5．ウ 問6．ウ 問7．エ 問8．イ 問9．ウ

II 問1．ア 問2．animals 問3．(1)food (2)solve (3)health (4)but (5)make

　　問4．(1)like (2)I like steak very much. Last week, I went to a restaurant to eat it with my family. It was very good.

III A．ウ，オ，キ B．(1)●…エ ▲…キ (2)●…ア ▲…カ C．(1)was／given／to (2)too／tired／to

═══════════ 《解　説》 ═══════════

I 問1 「木になる黄色い果物」は〈関係代名詞＋主語＋動詞〉で後ろから a yellow fruit を修飾して表す。「AをBと

　　呼ぶ」＝call A B　ここではAの部分が a yellow fruit that grows on trees，Bの部分が a "banana" である。

　　問2 第3段落の下線部(2)の前から読み取る。動物はのどを鳴らしたり吠えたりして「感情」を表現する。

　　問3 【 I 本文の要約】参照。ワシを警戒して見上げるのは「空」である。

　　問4 【 I 本文の要約】参照。cat：英語＝gato：スペイン語＝neko(ネコ)：日本語

　　問5 【 I 本文の要約】参照。直前の文に「生まれながらに知っている」とあるから，親から学ぶ必要はない。

　　問6 【 I 本文の要約】参照。2文後と一致するウが適切。・choose to ～「～しようと(自分の意志で)決める」

　　問7 【 I 本文の要約】参照。

　　問8 【 I 本文の要約】参照。

　　問9 第1段落に can animals use language?という問いかけがあり，最終段落に結論として some animals may use

　　"words" but it is not like the language that humans use.とあるから，この文のタイトルはウ「動物は言語を使うことが

　　できるのだろうか？」が適切。

【 I 本文の要約】

　あなたはペットを飼っていますか？自分のペットの感情が理解できますか？ほとんどのペット所有者は，ペットは意
思疎通ができると言います。彼らは自分のネコがいつ空腹か，自分のイヌがいつ散歩に行きたいか，わかっています。
しかし，動物は言語を使えますか？動物は多くの異なる鳴き声を出しますが，その声は人間が使う言葉とは異なります。
それでは，人間の言語とは何でしょうか？

　人間の言語には2つの重要な部分があります。単語と文法です。単語とは私たちがつけている名前です。たとえば，
私たちは木になる黄色い果物を「バナナ」と呼び，赤い果物は「リンゴ」と呼びます。すべての人が同じ単語を使いま
す。ですからリンゴとバナナで混乱することはありません。文法とは私たちが文を作るときに使う規則です。私たちは
文法と単語を一緒に使って，考えていることを口にしているのです。

　しかしながら，ほとんどの動物は自分の感情を表すのに，鳴き声を使います。ネコはうれしければのどをゴロゴロ鳴
らします。イヌは興奮すれば吠えます。それらは言葉ではありません。それらは「うれしい」とか「興奮している」な
どを表す音です。人間が笑ったり泣いたりするとき，言葉ではなく音を出します。研究者たちは，大部分の動物が出す
音とはこのようなものだと考えています。

　サルはどうでしょうか？言葉を使うことができるでしょうか？35年前，アフリカのベルベットモンキーを研究した研
究者たちがいました。彼らは，ベルベットモンキーが，対象の動物ごとに違う音を使っていることを発見しました。た
とえば，トラを見たらある音を出し，「ワシ」を見たら違う音を出し，また「ヘビ」を見たら違う音を出すのです。1

匹のベルベットモンキーが「トラ」用の音を出すと，他のサルは走って木に登ります。「ワシ」用の音を出すと，ワシがいないか③空を見上げます。そして「ヘビ」用の音を出すと，他のサルは地面を見下ろします。

これ以降，研究者たちは他の例も見つけています。サル，ゴリラ，そしてある種のトリも，対象ごとに(A)違う音を出すのです。しかし，これらの動物の音は，英語や日本語のような言語でしょうか？多くの研究者たちは，動物の出す音と人間の言葉は(B)同じではないと言っています。ひとつには，人間の言葉は各言語において異なっています。例えば，英語では，ひげのある毛皮に覆われた動物は cat と呼ばれます。スペイン語では，同じ動物が gato と呼ばれ，④日本語では neko と呼ばれます。また，人間の赤ちゃんは生まれた時には言葉を知りません。彼らは親から言葉を学ぶ必要があります。ですから日本の赤ちゃんは，アメリカの赤ちゃんが学ぶ言葉とは(C)違う言葉を学ぶのです。

動物たちの「言葉」は違います。たとえば，エチオピアのベルベットモンキーはワシ，トラ，ヘビに対して，何千キロも離れた南アメリカのベルベットモンキーと(D)同じ音を使います。そして，ベルベットモンキーは，これらの音を，生まれながらに知っています。彼らは親から学ぶ⑤必要はありません。

さらに，多くの動物は音を出すことを，自分の意志で決めることができません。もしベルベットモンキーがトラを見たら，無意識に「トラ」用の音を出してしまうのです。問6もしトラがいなければ，「トラ」用の音は出しません。英国の研究者，Catherine Hobaiter は，チンパンジーにおいて似たような結果を発見しました。彼女はチンパンジーがどのように意思疎通をするのかを知るために彼らを観察していました。ある時，メスのチンパンジーがオスのチンパンジーの肉をほしいと思ったのですが，オスはメスにあげませんでした。そこで，(E)アメスはオスが眠るのを待ち，そして(F)ウ肉を奪おうと静かに歩いていきました。しかし，(G)エ肉に近づきそのにおいをかぐと，(H)イメスは無意識に「エサ」用の音を出したのです。オスは目を覚まし，メスを追い払いました。この話でもわかるように，動物の中には「言葉」を使う動物もいるかもしれませんが，それは人間が使う言語とは異なるのです。

II　問1　○は【II 本文の要約】参照。ア○「実は，私たちは知らずに様々な食べ物に入っている昆虫を食べている」　イ「第二次世界大戦中，日本の人々は昆虫を食べるのが×大好きだった」　ウ「昆虫は世界中で食べられているにも関わらず，おいしいと思う人は×少数である」　エ×「コオロギよりも牛肉を食べる方が健康に良い」　オ「現在世界には×7千万の人がいる」

問2　直後の，like pigs and cows「豚や牛のような」と次の段落1行目の farm animals がヒント。livestock とは，animals that are kept on a farm for meat or milk「肉や乳のために農場で飼育されている動物」，つまり家畜という意味。

問3　(1)～(3)【II問3 本文の要約の訳】参照。　(4)　・not only ~, but also …「～だけでなく…も」

(5)　・make＋もの＋状態「(もの)を(状態)にする」

問4　【II問4 会話の訳】参照。(1)　本文の第7段落の1文目，How do they taste?がヒント。会話中の You(あなた)の2回目の発言では疑問詞が What になっている。How は What ~ like に書きかえられるから，like が適切。

(例) How is the weather?＝What is the weather like?　(2)　好物は I like＋○○＋very much.や My favorite food is＋○○.で表す。難しい表現は使わなくてもいいので，文法・単語のミスがないこと，そして内容が一貫していることに注意しながら文を書こう。書き終わった後に見直しをすれば，ミスは少なくなる。

【II 本文の要約】

毎年，世界の人口は7千万ずつ増加しています。これが続けば，2050 年までには人口は 90 億になります。現在，十分に食べ物がない人が，地球上に 10 億人います。2050 年にはどうなってしまうでしょう？地球上にいる人全員に行きわたる十分な食べ物を，どこで見つければいいのでしょうか？そのひとつの答えは，おそらく昆虫でしょう。

実際，人は何千年もの間，昆虫を食糧にしてきました。今日(こんにち)でも 20 億人の人がよく昆虫を食べています。人が食糧にしている昆虫は 1900 種類以上あります。最も一般的なものは，カブトムシ，イモムシ，ハチ，そしてアリです。

おそらく昆虫を食べるなんて気持ち悪いと思われるでしょう。問1しかし，実は私たちが毎日口にしている食べ物の多くの中には，昆虫の一部が入っています。たとえばビール，フルーツジュース，カレーパウダーなどです。おそらくあなたは今まで多くの昆虫を食べてきたのですが，気づかなかっただけなのです！

昆虫を食べることの良いところは何でしょう？ひとつには，健康的だということです。昆虫には，魚や鶏肉と同じくらいたくさんのタンパク質，ビタミン，ミネラルが含まれています。例えば，1キログラムあたりに含まれるタンパク質では，コオロギは205グラム，牛肉は256グラムです。体重の80%がタンパク質でできている昆虫もいます。

もう1つの良い点としては，昆虫を食べることは，豚や牛のような家畜を食べるよりも，環境に良いということがあります。昆虫は牛ほどエサが必要ではありません。たとえば，コオロギだと1キログラムの可食肉を生産するのに2キログラムのエサですみますが，牛は1キログラムの可食肉を生産するのに約8キログラムのエサが必要です。ですからコオロギや他の昆虫は都会でも育てることができますが，牛は多くの土地と水を必要とします。

昆虫はまた，農場にいる動物よりも寿命が短いので，早く育てることができます。昆虫は，人間が食べられない植物を食べます。ですから，昆虫のエサ代は安く済み，お金のかかる飼育施設も必要ありません。ですから貧しい国の人たちも昆虫を育ててお金を稼ぐことができるかもしれません。

昆虫はどんな味がするのでしょう？おいしいでしょうか？実は，多くの人がおいしいと思っています。メキシコでは，ニンニクとチリトウガラシにつけてバッタをあぶりますが，とてもおいしいと言われています。東南アジアで食べられるカメムシは，リンゴのような味がすると言われています。中国でサソリは魚のような味がすると言われますし，カンボジアのタランチュラはカニやエビのような味がします。

昆虫は日本でも食べられています。田んぼのイナゴ(rice grasshopper)を醤油で調理して午後のおやつとして食べる人がいます（イナゴの佃煮）。実際，日本では長い間昆虫を食べてきました。食糧が乏しかったため，江戸時代の農村の人々や，第二次世界大戦中の日本中の人々は昆虫を食べました。

今日，未来のおいしい食べ物として，昆虫を推奨するシェフや食の専門家がいます。昆虫は健康的で環境にやさしく，世話がしやすく，貧しい国でも育てられます。世界の人口が増え続けるにつれて，ますます多くの昆虫があなたの町のレストランやスーパーで見受けられることでしょう。

【Ⅱ問3 本文の要約の訳】

人口増加が増加するにつれ，1)食糧問題は深刻化している。この問題を2)解決するのに，昆虫が助けになる。昆虫を食べることはいくつかの良い点がある。まず，昆虫は多くの栄養を含むので3)健康に良い。次に，昆虫は寿命が短いだけでなく，人間が食べることのできない植物を食べるので，早く簡単に飼育することができる。昆虫料理をおいしくしようと挑戦しているシェフもいる。近い将来，レストランで新しいメニューを見られることだろう。

【Ⅱ問4 会話の訳】

友達　：この前の日曜日，中華料理店でめずらしい食べ物を食べたよ。

あなた：それは何だったの？

友達　：カエルのからあげだよ。すごくおいしかったよ。食べたことある？

あなた：いいえ，ないわ。それは A どんな 味がするの？

友達　：鶏肉 A のような 味がするよ。多くのアジアの国で人気があるよ。何かめずらしい食べ物を食べたことがある？

あなた：いいえ，一度もないわ。

友達　：それじゃあ，君の一番好きな食べ物は何かな？

あなた：B(例)ステーキが大好きよ。先週，家族とそれを食べるためにレストランへ行ったのよ。すごくおいしかったわ。

III **A**ア　made of→made by：・be made of ~「(材料)でできている」・be made by ~「(人)によって作られた」

イ　come→comes：when に続く文は未来のことでも現在形で表す。主語が someone だから動詞の語尾に s をつける。

ウ　○「ケンは彼の古い友人だ」この his は所有代名詞で「彼のもの」という意味。

エ　interesting→interested：「~に興味がある」は be interested in ~ と表す。なお，interesting は，an interesting book「1冊のおもしろい本」のように，名詞を修飾して「おもしろい~／興味深い~」を表す。

オ　○「これは私が今まで見た中で最も可愛らしい人形だ」・the＋最上級＋○○＋(that)＋I have ever ~「~した中で最も…な○○」

カ　who is that tall man→who that tall man is：間接疑問文。Tell me の後は〈疑問詞＋主語＋動詞〉の語順にする。

キ　○「私が漱石によって書かれた本を読み続けた」・go on ~ing「~し続ける」

ク　slow→slowly：動詞の speak を修飾するから，形容詞ではなく副詞にする。

B(1)　I saw the books you are looking for on the desk in the classroom.：「君が探している本」は〈(省略された関係代名詞)＋主語＋動詞〉で後ろから the books を修飾して表す。「~を探す」＝look for ~

(2)　The teacher told me to see a doctor that evening.：「(人)に~するよう言う」＝tell＋人＋to＋動詞の原形，「医者に診察してもらう」＝see a doctor　なお，日本語には「あの夕方」とは書かれていないが，最後に余る that は evening の前に置くと判断する。

C(1)　すでにある単語から，「このペンは私に与えられました」という受動態〈be 動詞＋過去分詞〉の文にする。「(人)に(もの)を与える」は〈give＋もの＋to＋人〉で表すから，「私に」は to me と表す。

(2)　すでにある単語から，「彼らは疲れすぎて何も言えなかった」という意味にする。「…すぎて~できない」＝too … to ~

平成 29 年度 解答例・解説

《解答例》

I A．設問1．(1) 3　(2) 4　　設問2．3，4　　設問3．4

設問4．E …more　F …pushing〔別解〕using／putting　　設問5．4　　設問6．4　　設問7．4

B．(1) 3　　(2) 8　　(3) 6

C．設問1．4　　設問2．2　　設問3．1．shell(s)　2．pictures　3．different　4．without

設問4．too <u>heavy</u> to carry for a long time （下線部は <u>difficult</u>／<u>hard</u> でも可）

II A．(1)drove　　(2)population　　(3)made　　(4)haven't　　(5)nobody

B．2，4，8

C．[4番目，7番目] (1)[2，9]　(2)[5，7]

《解　説》

I A 設問1(1)　質問「自転車が自動車より勝っている点でないものはどれですか？」…【I 本文の要約】参照。

(2)　質問「safety in numbers とは何を意味しますか？」…本文の魚に例えた部分から読み取る。

設問2　'Critical Mass' ride は自転車の安全を考えて行う行為であるから，3と4が一致しない。

設問3　【I 本文の要約】参照。1匹では危険だが，集団になればより危険でなくなることを意味する。

設問4 E　直後の文から「多い」という意味の形容詞が入る。文末に than ever before とあるから，比較級にする。

F　後にある so it was called the 'pushbike.' から考える。直前に by があるから動詞は ing 形にする。

設問5　【I 本文の要約】参照。新しい街づくりに関する文だから，This helped to make new towns. の前の4が適切。

設問6　【I 本文の要約】参照。自転車しかない都市での利点である4が適切。

設問7　【I 本文の要約】参照。・want to ～「～したい」・stop ~ing「～するのをやめる」・keep ~ing「～し続ける」

【I A 本文の要約】

　1992 年のサンフランシスコの混雑した市道で，興味深いことが起きました。金曜日の夜，人々は仕事から帰るために車を運転していました。数人の自転車に乗った人々が混雑した通りを横断しようと待っていました。すぐにもっと多くの自転車に乗った人々がそれに加わりました。最終的に，何百もの自転車に乗った人々が混雑した通りを一斉に横断していきました。車は自転車に乗った人々が全員通り過ぎるまで数分間待たなければなりませんでした。自転車に乗った人々が通り過ぎた後，車は再び動き始めました。ドライバーは何が起きたかわかりませんでした。これがアメリカで初めての 'Critical Mass' ride でした。

　critical mass ride とは自転車に乗った人々が共に作る大集団のことです。その利点は自転車の安全をドライバーに教えることです。自転車に乗った人々が大集団で通りを走るという考えは中国で始まりました。中国には信号のない通りが多かったのです。1人や2人だけで通りを横断するのは危険でした。なぜなら車に彼らが見えなかったり，車が止まりたがらなかったりするからです。そのため，自転車に乗った人々は他の人々が来るのを待ちました。更に多くの自転車に乗った人々が来た後，彼らは一緒に通りを横断します。車は停止して，彼らが通り過ぎるのを待ちます。この考えは safety in numbers と呼ばれます。同じことは海でも起きます。A1匹の小さな魚が単独で泳いでいれば，B大きな魚に簡単に食べられてしまいます。しかし，C多くの魚が一緒に泳いでいれば，大きな魚は最初にどの魚を食べるべきかわからず，そのため Dほとんどの魚が安全です。

　今，世界には以前より E多くの自転車があります。自転車はより重要な移動手段になり，何百万もの人々が自転車に乗ります。自転車は車より安く，ガソリンを使ったり汚染を引き起こしたりせず，運動になります。自転車に乗れば，

(28)

徒歩よりもずっと速く移動できます。

現在の自転車は簡単に乗れますが，最初の自転車はそうではありませんでした。最初の自転車は 1800 年代に作られました。それには車輪がありましたが，ペダルはありませんでした。それに乗る人々は足で地面を F(例)押すこと で移動するため，それは pushbike と呼ばれました。それはとても重くて遅いものでした。

それから，1850 年代と 60 年代に，フランス人の発明家が自転車のデザインを変えました。彼らは前輪を大きくし，それにペダルを付けました。自転車の骨組みは重い鋼で作られ，車輪は木と鉄で作られました。この自転車は乗った人をひどく揺らしたので，boneshaker と呼ばれました。乗るのが痛かったのです！

1885 年，JK スターリーが最初の現代の自転車を作りました。前輪と後輪が同じ大きさで，ペダルと後輪をつなぐのにチェーンが使われました。それは私たちが現在乗る自転車のように見えました。スターリーの自転車は pushbike や boneshaker より良いものでしたが，それでも乗りにくかったのです。

1890 年代の発明家はずっと良い自転車を作りました。彼らは車輪にゴムを使い，より良いブレーキを作りました。自転車はますます人気になり，まもなく世界中の人々がスポーツや遊戯のために乗りました。

自転車は主な移動手段にもなりました。これは多くの面で社会を変えました。例えば，自転車が出るまで，ほとんどの女性が長いドレスを着ていました。しかし，ドレスを着ていては簡単に自転車に乗れません。そのため，多くの女性がズボンをはき始めました。4また，田舎に移住し，都市にある勤め口へ行くのに自転車を使う人々が増えました。これは新しい街を作るのに一役買いました。

現在の自転車は初期の自転車に比べずっと乗りやすくなりました。それらは快適で，とても速く進みます。もちろん，今も自動車を使う人々が多いです。設問1(1)自動車は自転車に比べ乗りやすく，ずっと速く進み，雨から守ってくれます。しかし自動車はより危険でもあります。騒音と汚染をより多く引き起こします。自転車しかない都市を想像してみてください。自動車の事故はありません。G 自動車による騒音もなければ，空気もきれいです。自転車に乗ってどこへでも行くので，みな健康です。それってすてきではないですか？

現実は，人々は自動車を使うのをやめたくないですし，多くのドライバーが自転車に乗る人を尊重していません。大都市では自転車に乗るのがとても危険になることがあります。自転車や自動車の事故で毎年多くの人が亡くなっています。これは人々が critical mass で自転車に乗る 1 つの理由です。彼らは，ドライバーに自転車に乗る人を尊重し，注意を払って，道路を分かち合ってほしいのです。そして自転車が今でも重要な移動手段であることをみなに知ってもらいたいのです。

B 【Ⅰ B 本文の要約】参照。

【Ⅰ B 本文の要約】

店員：何かご用ですか？

夫　：はい。アパートを探しています。

店員：どのようなアパートを探していますか？

夫　：安ければ安いほどいいです。

妻　：そんなこと言わないで！4駅の近くにアパートはありますか？

店員：(1)3徒歩何分くらいの距離がいいですか？

妻　：5約 15 分です。

店員：それなら 4 軒ございます。こちらはどうでしょう？駅まで歩いて 10 分です。

妻　：1そのアパートに寝室はいくつありますか？

店員：1 部屋です。

夫　：いいですね！

妻　：とんでもない！(2)8寝室は 2 部屋必要です。

店員：かしこまりました。家賃はいくらをご希望ですか？

夫　：7 1週間で200ドルです。

店員：こちらはどうでしょうか？寝室は2部屋あります。

夫　：ぜひ見たいですね。

妻　：2 築何年かしら？

店員：3 6約15年です。 大きな居間をご覧ください。

妻　：もっと新しいものはありませんか？（駅まで）徒歩20分のところでもいいです。

店員：それなら，こちらはどうでしょう？新築です。寝室は3部屋あります。

妻　：それがいいです！ぜひ見たいです。行きましょう！

　　C　設問1　【1]C 本文の要約】参照。直後の例から考える。

　　設問2　○については【1]C 本文の要約】参照。1「最初に硬貨を使い始めた人は×アレクサンダー大王である」 2×「中国人は約1000年前にお金としてコヤス貝の貝殻を使った」 3○「クレジットカードを使う人はお金を使い過ぎるときがある」 4×「今の人々は金銀の硬貨を使うのが一番好きだ」 5×「wampum はアフリカで使われた最初のお金だった」 6「塩は昔の人々にとってとても大切だったので，×いつでもそれと他の食べ物を取引することができた」 7○「昔，人々は欲しいものを手に入れるために動物の皮と貝殻を使った」

　　設問3　【1]C 設問3 要約文の訳】参照。

　　設問4　【1]C 本文の要約】参照。質問「硬貨の問題は何ですか？」…「…すぎて～できない」という意味の〈too…to～〉を使う。

【1]C 本文の要約】

　昔，人々はお金を使いませんでした。彼らは欲しいものをどうやって手に入れていたのでしょう？彼らは他人にものを与え，欲しいものを手に入れました。例えば，人々にとって塩はとても大切でした。それは食べ物の鮮度を保つために使ったからです。もちろん，塩をかけると食べ物の味はおいしくなります。人々は塩と靴や道具や食べ物などの他の必需品を取引しました。こうした取引は bartering と呼ばれます。

　bartering はいつもうまくいくとは限りません。人々は A 違う ものを B 違う ときに必要とするからです。例えば，靴屋が米を欲しければ米農家を訪れます。しかし，米農家は新しい靴が必要ないかもしれません。米農家が新しい靴を欲しがらなければ，靴屋は必要なものを手に入れることができません。

　その後，人々は bartering をやめ，取引するために美しいものを使い始めました。それは proto-money と呼ばれています。プロトは'最も初期の'という意味なので，それは最初のお金でした。設問2.7 proto-money の例としては貝殻や動物の皮や金属が挙げられます。設問2.7 お金＝欲しいものを手に入れるためのもの 例えば，ネイティブアメリカンはある種類の貝殻をお金として使いました。彼らはそれを wampum と呼びました。彼らは wampum を首に巻きました。もう1つの広く普及した貝殻はコヤス貝でした。コヤス貝はインド洋原産で，白くてとても美しいです。それらは中国からアフリカまで多くの国々でお金として使われました。

　エジプト人は金と銀をお金として使いました。それから，金属の硬貨を作り始める国が現れました。最初の金属のお金は約3000年前にトルコで作られました。彼らはその金属に絵を描くため，特別な道具を使いました。その後，アフリカとヨーロッパで人々は硬貨を使い始めました。まもなく，硬貨は世界で最も一般的な種類のお金になりました。

　最初，硬貨には動植物の絵がありました。アレクサンダー大王が初めて自分の顔を硬貨に入れました。アレクサンダー大王がマケドニア王国で生きていたのは2000年以上前でした。彼は多くの戦いを仕掛け勝った王でした。彼の硬貨はマケドニア王国のすべての人々に使われました。

　設問4 硬貨の問題は長時間運ぶには重過ぎることでした。中国人が初めて紙幣を使い始めたのは1000年以上前でした。紙

のお金は硬貨より軽かったので，運びやすかったのです。そのかなり後に，ヨーロッパも紙幣を使い始めました。紙幣が汚れてしまった場合は，古い紙幣を新しい紙幣と取引することができました。紙幣と金銀を取引することもできました。

現在，私たちはまだ紙幣と硬貨を使っていますが，ものを買うのにクレジットカードを使う人も多いです。店でクレジットカードを使うと，カード会社が代わりに支払い，あなたは月末にそれを返済しなければなりません。設問2.2 <u>クレジットカードでお金を使うのはとても簡単なので，お金を使い過ぎて返済できなくなる人もいます。</u>紙幣や硬貨を使う人はお金を少ししか使いません。

お金は bartering をしていた昔からずい分と変わりました。すでにいくつかの国では，スマートフォンでものを買うことができます。将来お金に何が起きると思いますか？未来の人々はまだ紙幣と硬貨を使っていると思いますか？

【1C設問3 要約文の訳】

昔，人々は お金 を持っておらず，他人とものを交換していた。それは barter ing と呼ばれる。ネイティブアメリカン が1 貝殻 で作られたお金を使い始めた。彼らのお金はネックレスのように見えた。その後，トルコの人々が 金属の硬貨 を作り，それに2 絵 を付けた。硬貨に問題があったという理由で，初めて 紙幣 を作ったのは中国人だった。それから，ヨーロッパ がこの種類のお金を使い始めた。

現在私たちが使うお金は，昔のお金とは3 異なる 。クレジットカードがあれば，紙幣や硬貨が4 なくても 買い物をすることができる。いくつかの国では，ものを買うときにスマートフォンが使われる。お金は将来変わるかもしれない。

Ⅱ　A(1)　〈go to ～ by car〉は「車で～へ行く」という意味だから，〈drive to ～〉に書きかえられる。

(2)　上の文は「名古屋より東京に住んでいる人の方が多い」という意味だから，下の文を「東京は名古屋より人口が多い」という意味にする。「人口」＝population

(3)　上の文は「なぜ彼は昨夜そんなに怒っていたの？」という意味だから，下の文を「何が昨夜彼をそんなに怒らせたの？」という意味にする。「(人)を(状態)にする」＝make＋人＋状態，文末に last night があるから，過去形にする。

(4)　上の文は「最後にあなたに会ってから久しいですね」という意味だから，下の文を「私はあなたに長い間会っていませんでした」という意味にする。「(ずっと)～していない」は現在完了"継続"の否定文〈haven't/hasn't＋過去分詞〉で表す。

(5)　「その本は難しすぎて，クラスのだれにも理解できなかった」という意味にする。(　　)の後の動詞に not などの否定の語句がないから，主語を nobody「だれも～ない」にするのが適切。

B　1．said→told/asked：・tell＋人＋to ～「(人)に～するよう言う」・ask＋人＋to ～「(人)に～するよう頼む」

2．○：「私の父は数日で出張から帰って来るだろう」という意味。　3．how old is his cousin→how old his cousin is：know の後に疑問文が続く場合，〈疑問詞＋主語＋動詞〉の語順になる。　4．○：「その物語は有名で，世界中で読まれている」という意味。　5．何を尋ねているかわからないから×。What を残すなら the gate が不要，the gate を残すなら What が不要。　6．We've already talked→We talked：現在完了は since「～から」がなければ明確な過去を表す語句と一緒に使えない。three days ago「3日前」は時制が過去の文にしか使えない。　7．easily→easy：「～することは…だ」という意味の〈It is…to～〉の…には形容詞が入る。　8．○：「金曜日の夜に夕食を食べに来ない？」という意味。Would you like to ～?は相手の意向を尋ねつつ誘う表現。

C(1)　Living in a foreign country <u>taught</u> them how <u>to</u> communicate with different people.：「外国で暮らすことは彼らにさまざまな人とコミュニケーションをとる方法を教えた」という文を作る。teach＋人＋もの「(人)に(もの)を教える」の(もの)が how to ～「～する方法」になった文。「～とコミュニケーションをとる」＝communicate with ～

(2)　Do you want <u>me</u> to call <u>him</u> later?：Do you want me to ～?は相手の意向を尋ねつつ申し出る表現。・want＋人＋to ～「(人)に～してほしい」

平成 **28** 年度 解答例・解説

━━━━━━━━━━━━━━━━《解答例》━━━━━━━━━━━━━━━━

Ⅰ　問1．トルコ(共和国)　　問2．(1)ウ　(2)イ　(3)ア　(4)ウ　　問3．オ

Ⅱ　問1．black　　問2．A．エ　B．カ　　問3．different　　問4．②ウ　③ア　　問5．エ

Ⅲ　問1．ウ　　問2．ア　　問3．エ　　問4．ウ　　問5．enjoy／staying

　　問6．an experience that you will never forget　　問7．エ

Ⅳ　イ，オ，コ

Ⅴ　[4番目／8番目]　(1)[エ／キ]　　(2)[コ／イ]　　(3)[カ／キ]

━━━━━━━━━━━━━━━━《解　説》━━━━━━━━━━━━━━━━

Ⅰ　問1　日本の女性の社会進出を前向きにとらえているのは，第4段落に書かれている筆者のトルコ人の友人である。

　　問2　【Ⅰ本文の要約】参照。(1)　質問「オーストラリア人の男性は日本に来た後どう思いましたか？」

(2)　質問「トルコ人の女性についてどれが正しいですか？」　　(3)　質問「なぜドイツ人の女性は日本で悪い経験をしましたか？」　　(4)　質問「インターネットについてどの意見が正しくないですか？」

　　問3　主語が no teacher だから，personal experience が一番だという趣旨のオが適当。

【Ⅰ本文の要約】

　外国について学ぶには多くの方法がある。学校で学んだり，読書によって学んだりできるし，その国へ行ったことのある友人と話してもよい。インターネットもまた，外国とその文化について学ぶ1つの手段である。インターネット上には外国に関する情報が載ったウェブサイトが何百万もある。しかしながら，私達が得る情報には正しくないものや完全でないものもある。その場所が私達の想像していたものと違うことはよくあることだ。私はこの考えに興味があったので，日本にいる外国人の友人に，日本に来てから気づいた違いを教えてくれるように頼んだ。彼らの答えは興味深いものだった。

　友人の1人はオーストラリア出身である。日本語の授業はオーストラリアでとても人気があり，まだ高校生の内に彼は日本について多くのことを学んだと言った。例えば，<u>問2(1)彼は日本は技術的に進歩した国であると学び，</u>日本人はだれでも最新型のコンピュータを持っていると想像していた。そのため，彼は初めて日本に来た時，コンピュータの店を訪れた。彼はオーストラリアでは見つけられないような新しいモデルを見た。しかし，<u>問2(1)彼が勤めていた日本の高校では，多くの先生が古いコンピュータを使っていて，電子黒板のような最新の製品を使っていなかったことに驚いた。</u>また，彼は日本の学生は少なくとも6年間英語を勉強すると聞いていたので，だれもが得意だと思っていたが，実際には，上手に話せる生徒はほんの少しだけだった。

　別の友人はロンドン出身だが，最初，2年間京都に住んでいた。彼女は京都にあるすべての美しい寺院，神社，庭園が大好きで，そこはとても快適だと思っていた。彼女は日本のどの都市も京都のようだと想像していたので，その後，東京に引っ越した時に驚いた。彼女にとって東京はとても騒がしくスモッグがかかっているように見えた。超満員の電車に乗るのも，窓から灰色の建物と灰色の空を見るのも嫌だった。

　トルコ人の友人は日本で育った。彼女は12歳の時にトルコに引っ越したが，21歳の時に戻ってきた。彼女を最も驚かせたのはその9年間での日本の女性の役割の変化だ。彼女が日本にいた子どもの頃は，仕事をする女性はほんの少しで，家事をすべて行うと思っていた。しかし，日本に戻って来た時は，多くの日本人女性が仕事を

(32)

し，夫と家事を分担していたのを見て喜んだ。そして，問2(2)大学での仕事では，男性も女性も等しく扱われていると感じた。彼女は，これは日本の前向きな変化だと思った。

　悲しいことに，私のドイツ人の友人は良い経験をしなかった。彼女は日本に引っ越す前は，日本文化のすべてが大好きだった。彼女はアニメを見ることとマンガを読むことが大好きだった。すべての日本人が親切で友好的だと想像していた。それで彼女は日本に来ることを決め，日本語を勉強し始めた。彼女はここに来た時，上手に話せるようになっていた。しかし，最初の仕事に関しては不運だった。彼女はとても伝統的な日本の会社で働いたのだが，会社の人々が彼女を信頼して重要な仕事を任せることはなかった。問2(3)彼らは彼女に単純労働をするように頼んだ。彼女はお茶を出し，コピーを取った。彼らが彼女に話しかけることはなく，彼女は寂しくなり失望した。1年後，彼女はドイツへ帰ってしまった。

　私達のほとんどは外国について正しくない考えを持っている。時に私達のイメージより良いことを見つけて喜び，時にそれより悪ければ失望する。私の母国アメリカについてあなたは何を聞いたことがあるだろうか？おそらく，本当のこともあれば，そうでないこともある。問2(4)外国について学校で学んだり，インターネットで調査して学んだりことはすばらしことだ。情報はたくさんあるし，母国から離れなくても世界のことをたくさん学ぶことができる。ウェブサイトは私達にどこを訪れるべきかや何をその国に持っていくべきかだけでなく，外国で何をすべきで何をすべきでないかというアドバイスもくれる。しかしながら，外国を訪れた人の経験は違うし，気づくことも違うので，人によって考えは違うかもしれない。外国を訪れる機会があれば，行く前にその国に関する調査をすることは良い考えだ。ただ，それが厳密に，想像したとおりになるとは限らないということは覚えておくといい。個人の経験に勝る先生などいないのだ。

Ⅱ　問1　2文後に This process make the leaves black. とあるから，この文は紅茶(black tea)の製造過程を表した文である。
　　問2　【Ⅱ本文の要約】参照。
　　問3　【Ⅱ本文の要約】参照。緑茶と紅茶は同じ木の葉から作られる違う種類の茶である。
　　問4　【Ⅱ本文の要約】参照。第2～3段落はお茶の歴史について書かれているから，①には，時制が過去で at first「最初は」があるイ，②には，同じく時制が過去のウが入る。③がある段落には，イギリス人がお茶を飲む方法が書かれているから，③にはアが入る。
　　問5　○は【Ⅱ本文の要約】参照。　ア「中国人は4500年以上前にお茶を楽しみ始め，×そして薬として使うためにイギリスに渡した」　イ「イギリス人はお茶に×とても熱いミルクと2つの角砂糖を加えるのが好きだ」　ウ「緑茶は中国の木に由来するが，×紅茶はイギリスの木に由来する」　エ○「17世紀のイギリスでは貧しい人々はお茶を飲まず，ジンを飲んでいた」　オ「イギリス人は×中国から買った方が安かったので，インドとスリランカでお茶を栽培するのをやめた」

【Ⅱ本文の要約】

　イギリス人がお茶を愛していることはだれもが知っている。彼らは早朝から夜遅くまでお茶を飲む。イギリス人は1人当たり年間9ポンドのお茶を飲むと言われている。それはものすごい量だが，中国人が飲むお茶の量はさらに多い。実際，お茶を飲む習慣は中国で始まった。ヨーロッパ人が最初にお茶を飲み始めたのは約300年前だが，言い伝えでは，お茶は4500年以上前，熱いお湯を入れた瓶に偶然茶葉が落ちた時に，神農によってはじめて発見されたそうだ。最初，お茶は薬として使われたが，後に，人々は気分をゆったりさせる飲み物としてそれを楽しんだ。
　お茶が初めて中国からイギリスに来たのは1657年だった。①それは最初とても高価で，裕福な人々だけがそれ

を飲んだ。問5エ貧しい人々はお茶でなくジンを飲んだ。それはアルコールの一種だ。そのため，多くの貧しい人々は，昼間であっても酔っぱらった。
問5エ 1657年は17世紀である。

19世紀，インドやスリランカもお茶の栽培を始めた。イギリス人はインドやスリランカで育っているお茶の木を発見すると，こうした国々にお茶の農場を作ることを決めた。それで，お茶を全部中国から買う必要はなくなった。その後，イギリスでの茶の値段は下がった。②実際，お茶はとても安くなり，貧しい人々も楽しめるようになった。

お茶には主な種類として緑茶と紅茶の２つがある。緑茶を作るためには，発酵過程が早めに止められるので，茶葉は緑のままである。あ紅茶を作る時には，葉を天日で乾燥させる。乾燥させた後，濡れ布で覆われる，この過程で茶葉は黒くなる。そのため，実は緑茶と紅茶は同じ種類の木の葉Aから作られているのだ。製造過程が２つをい違うものにしているのだ。
問2A 茶葉はお茶の原料だから，be made from ~ にする。

③イギリスには違ったお茶の製造方法がある。『イングリッシュ・ティー』はとても濃い(strong)お茶にミルクを加えることによって作られる。中国人はとても熱いお茶が好きだが，イギリス人はそうではないので，普段彼らは冷ますために冷たいミルクを加える。彼らは熱いミルクを加えたお茶を飲むことは決してない。お茶の中に角砂糖を１，２個入れるのを好む人もいる。

④イギリス人は１日のどんな時もお茶を飲むかもしれないが，おそらくお茶を飲むのに最も一般的な時間は早朝である。ほとんどの家庭に『ティー・メイド』と呼ばれる電化製品がある。彼らは寝る前に，その機械の中にお茶と水を入れ，起きたい時間に目覚まし時計を設定する。そうすれば，朝起きると，お茶が準備されているのだ。多くのイギリス人が『モーニング・ティー』Bなしでは１日の残りを楽しむことができないと言う。

Ⅲ 問1 【本文の要約】参照。
問2 時を表す前置詞(ここでは before)の後は未来のことでも現在形で表す。
問3 「水が貴重である」ことをデイビス先生から聞いた後の発言だから，エが適当。
問4 後に「日本について説明するのに役立つ」「ホストファミリーと話す話題をくれる」とあるから，ユウコに写真や動画を撮ることを勧める文にする。(⑥)直後が動詞の原形だから，ウが適当。・Why don't you ~?「〜してはどう？」・How about ~ing?「〜してはどう？」
問5 「〜して楽しむ」＝enjoy ~ing
問6 〈関係代名詞 that ＋主語＋動詞〉で後ろから名詞(ここでは experience)を修飾する。
問7 【Ⅲ本文の要約】参照。質問「デイビス先生はユウコにどんなアドバイスをしましたか？」

【Ⅲ本文の要約】

ユウコ ：デイビス先生，私はオーストラリアのブリスベンにいるホストファミリーの家に滞在するんです。
デイビス先生 ：それはいいわね。
ユウコ ：私の英語は大丈夫だと思いますか？滞在中に友達を作れないんじゃないかと不安なんです。
デイビス先生 ：まあ，そのことは心配しないで。あなたの英語は上手よ。忘れずにアイコンタクトをして笑顔を作れば，そこで友達を作ることができるわ！
ユウコ ：わかりました。
デイビス先生 ：また，忘れずに「はい」と「いいえ」をはっきりと言ってね。①そうしなければ，彼らはあなたのことを誤解するわ。
ユウコ ：わかりました，やってみます。他に何かありますか？
デイビス先生 ：ええ。問7エたくさん質問をするべきよ。もし何か手助けが必要だったり，何かの使い方を知りたければ，あなたが頼めばホストファミリーは助けてくれるわ。

ユウコ	：へえ，そうなんですね！

デイビス先生　：あと，そこは水不足だから，ブリスベンの人々は水を使いすぎないようにしているわ。おそらくあなたのホストファミリーは浴槽を持っていないし，シャワーは５分以内にするよう努力すべきよ。もし②そうしなければ，ホストペアレントが水の無駄遣いを心配するわ。

ユウコ　　　：５分以内ですか？

デイビス先生　：すぐに③そうできるようになるわ。④出発する前に問7エシャワーを短い時間で浴びる練習をしたほうがいいわ。５分で十分だと気づくわよ。日本では水は十分にあるし安いけれど，世界の多くの場所では水は貴重だから，私達はそれを慎重に使うことを学ぶべきだわ。

ユウコ　　　：はい，⑤そのことを考えたことはありませんでしたが，どういう意味かわかります。他にはありますか？

デイビス先生　：問7エ持参するためにあなたの日本での生活を写真や動画に撮るのは⑥どうかしら？日本のことを説明するときにとても役に立つし，ホストファミリーと話す話題をくれるわ。

ユウコ　　　：それはいいですね！

デイビス先生　：きっとそこでの滞在を楽しめるわ。外国へ行って，人々とその文化を知ることは，あなたにとって決して忘れない経験になるわ。

ユウコ　　　：アドバイスをたくさんいただき，ありがとうございます，デイビス先生！

デイビス先生　：どういたしまして。

Ⅳ　ア．said→told：「(人)に～するよう言う」は〈tell＋人＋to＋動詞の原形〉。　ウ．have visited→visited：過去進行形の文と when のある文で時制が違うから×。　エ．You are necessary→It is necessary for you：「必要」なのは「あなたが最善を尽くすこと」だから，It is…for＋人＋to ～「(人)にとって～することが必要だ」を使う。　カ．for→×または Why→What：理由を尋ねるときは，疑問詞 Why を使うか，疑問詞 What の文末に for を付ける。　キ．to→for：「(人)に(もの)を買い与える」＝buy＋もの＋for＋人　ク．was made→made：the apple pie 以下は「私の祖母が姉のために作ったアップルパイ」とするべきだから，that 以下は受動態〈be 動詞＋過去分詞〉ではなく，能動態にする。　ケ．passed→been：時間を表す仮主語 it を使うときは，動詞を be 動詞にしなければならない。動詞 pass を使うなら，Three years have passed since I moved to Nagoya.とする。

Ⅴ　(1)　I have never <u>seen</u> a nicer picture <u>than</u> this before.：現在完了"経験"の否定文〈have never＋過去分詞〉と〈比較級＋than…〉が合わさった文。なお，比較級が名詞を修飾して，その後に〈than…〉が来る場合は，〈比較級＋名詞＋than…〉の語順になる。

　(2)　His dictionary will <u>tell</u> us the meaning of <u>the word</u> we don't know.：「彼の辞書は私達に知らない単語の意味を教えてくれるでしょう」という意味の文にする。「知らない単語」は〈(省略された関係代名詞)＋主語＋動詞〉で後ろから名詞(ここでは word)を修飾して表す。「(人)に(もの)を教える」＝tell＋人＋もの

　(3)　The library that you <u>are</u> looking for is <u>near</u> this hospital.：「あなたが探している図書館」は〈関係代名詞＋主語＋動詞〉で後ろから名詞(ここでは library)を修飾して表す。〔　〕内の that は関係代名詞であること，for を省略しないことに注意。「～を探す」＝look for ～

═══════════════════════ 《解答例》 ═══════════════════════

Ⅰ 問1．A．オ　B．ア　　問2．sent　　問3．The／best／way／to／solve

　問4．（一つ目）…（アフリカの）子供たちをマラリアから守っているということ。　（二つ目）…アフリカでの

　仕事を作っているということ。（下線部は働き口でも可）　問5．ア　　問6．ウ　　問7．イ，オ

Ⅱ 問1．ウ　　問2．ア　　問3．4番目…イ　8番目…カ　　問4．イ　　問5．ウ　　問6．cultures

Ⅲ ①ウ　②イ　③ア

Ⅳ ウ，オ，コ

Ⅴ ［3番目／6番目］　(1)[エ／イ]　　(2)[ク／オ]　　(3)[キ／イ]

═══════════════════════ 《解　説》 ═══════════════════════

Ⅰ 問1 A　直後に the help of ～とあるから，オが適切。・with a help of ～「～の助けがあって」　　　B　直前

　に asked があるから，アが適切。・ask for ～「～を求める」

　問2　直前に were があり主語が the mosquito nets だから，「蚊帳が送られた」という意味にするため，過去

　分詞にする。〈be 動詞＋過去分詞〉の受動態の文。

　問3　名詞を形容詞と to 不定詞で修飾するときは〈形容詞＋名詞＋to＋動詞の原形〉の語順。「最良の」は

　good の最上級 best で表す。

　問4　下線部(2)直後の文から読み取る。not only A but also B は「A だけでなく B も」という意味。

　問5　long forgotten in Japan に着目。選択肢内で，日本で長いこと忘れられていたものを選ぶ。

　問6　質問「なぜ蚊帳は日本から姿を消しましたか？」…第2段落後半から読み取る。直接的な記述はない

　が，ガラス窓や網戸や化学殺虫剤といった better ways to keep mosquitoes away「蚊を寄せ付けないより良

　い方法」の登場がその理由である。　　問7　【本文の要約】参照。

【本文の要約】

　ある暖かい夏の日，外での活動を行うのは楽しい。しかし私達はよく蚊に悩まされる。蚊が（日本よりも）重

大な問題になっている国もある。なぜなら蚊に刺されると，マラリアになることもあるからだ。毎年世界中で

100万人以上がマラリアによって亡くなっている。そのほとんどがアフリカの子ども達である。

　問7.イ日本では長い間，日本語で蚊帳と呼ばれる蚊用の網を使っていた。眠っている時に蚊を寄せ付けないた

めにふとんの周りにその網を吊るした。それは単純だが役に立った。しかし20世紀後半，蚊と戦う新しい方

法が見つかった。家にガラスの窓と網戸ができたのだ。また，企業は化学殺虫剤を作り出した。しばらくして

蚊帳は姿を消し，それは『古き日本』のものになった。

　マラリアの問題を解決する最良の方法は，蚊を寄せ付けないようにすることだ。しかし貧しい国では，多くの人

が化学殺虫剤や網戸を買うことができない。しかし数年前，日本の企業が新しい技術を使い，アフリカの人々のた

めに特別な蚊帳を作った。新しい網の繊維には5年間続く化学殺虫剤が入っている。日本政府の助け A があって，

蚊帳はアフリカに送られた。それらはとても人気になり，多くの人々がそれを B 求めた。アフリカの国で網を作り

始めた企業もあった。これは子ども達をマラリアから守っているだけでなく，アフリカで仕事を作ってもいる。

　問7.オ2011年国連報告に，世界中のマラリアによる死者は2000年から2009年までに20%分減ったとある。

最も大きな減少はアフリカで見られた。11のアフリカの国でのマラリアの症例，またはその死者数は50%分

減った。その報告には蚊帳が死者数を大いに減らしたとある。日本では長いこと忘れられていた古くて単純なアイデアが今，世界の別の場所で子ども達の命を守っている。

Ⅱ 問1 直後の country が単数形だから，ウが適切。なお，イとエは形容詞ですらない。また other の直後に単数名詞が来るときは，other の前に the が必要である。・the other ～「残り1つの～」

問2 直後が形容詞だけだから，アが適切。What は形容詞の後に名詞があるときに使う。

問3 I think this experience in Canada will help me a lot in the future.「～と思います」とあるので〈think (that)＋主語＋動詞〉を使う。「(人)の役に立つ」を〈help＋人〉で表すことがポイント。

問4 スミス先生の4回目の発言から判断する。別の国に住むために来て，帰るつもりがないイの人物が適切。

問5 【本文の要約】参照。

問6 【問6の英文の要約】参照。スミス先生の4回目の発言の最後の文から抜き出す。

【本文の要約】

エミとシュンはもうすぐカナダの家に滞在する予定です。彼らはカナダ人の先生，スミス先生と彼らのホストファミリーについて話しています。

スミス先生：じゃあ，あなた達はホストファミリーに会うのに興奮しているのね？

エミ　　　：ええ，もちろんです。しかし私はホストファミリーの写真を見た時，とても驚きました。

シュン　　：僕もです。

スミス先生：なぜ？今，写真を持っているかしら？

エミ　　　：はい，こちらです。どの人もアジアから来た人のように見えます。私はカナダの人々はスミス先生のように見えると思っていました。

スミス先生：カナダに住んでいる他の国から来た人々は多いわ。カナダは世界中からの多くの 'immigrants' がいるのよ。

シュン　　：'immigrants' は何という意味ですか？

スミス先生：'Immigrants' は別の国に住むために来る人々のことよ。大抵，彼らは祖国に帰るつもりはないわ。私の祖父母だって何年も前にドイツからカナダに移って来たの。現在，どんどん多くの人がアジア，特に中国から来ているの。こうした世界中から来る人々が自分達の文化や言語を持ち込むのよ。

エミ　　　：それは知りませんでした。何ておもしろいんでしょう！

シュン　　：僕のホストファミリーの写真を見てください。こちらはアルバート夫妻です。彼らには2人の息子がいます。彼らはその息子のうち1人を中国から養子にしました。

スミス先生：まあ，そうなの？

エミ　　　：Adopted？

スミス先生：ええ。彼らはその少年を家族に迎え入れ，彼の法律上の両親になったの。私の友人だって韓国から少女を養子にしたわ。

エミ　　　：本当ですか？問5.カナダには様々なタイプの家族があるとわかりました。今度のカナダでの経験が，将来とても私の役に立つと思います。

【問6の英文の要約】

カナダには様々な人がいる。同じ家族のメンバーでさえ違うように見えることもある。外国から子どもを養子にする人もいるし，世界中から移民が来ている。こうした人々が自分達の言語や文化を持ち込むこともある。

Ⅲ　①　【本文の要約】参照。音の発生するしくみを説明するウが適切。

②③　アは音の伝わるしくみを説明した具体例。イは音の伝わるしくみを水面に小石を落としたときの様子に例えて説明したもの。アの初めの文，Here is another good example より，アより先にも example があるとわかるから，イ→アの順。

【本文の要約】

音は生活の大きな一部である。毎日，友人の声や鳥の鳴き声やラジオの音楽など多くの音を聞く。たぶん，こうした音はあなたにとってとても重要である。しかし，音とは何なのか知っているだろうか？何が音を発生させ，それがどうやってあなたの元に来るのだろうか？

①音は物が前後に動いたり，振動したりする時に発生する。ラジオを聴いている時にラジオのスピーカーに手を置いてみよう。スピーカーが振動しているのに気づくだろう。スピーカーが振動すると，それが音を発生させ，それであなたはラジオの音楽を聴くことができる。

電話で話すとき，空気はあなたの声の音で動く。この動いている空気が電話の中にある小さな金属板を叩き，金属板は振動する。この動きがもう片方の電話に伝わる。それで聞き手はあなたの声を聞くことができる。

②それでは，音はどのようにあなたに届くのだろう？音は波となってあなたに届く。音波は目に見えないが，水の波のようなものである。静かな湖に小石を落とすと，小さな輪ができ，それはどんどん大きくなる。音波はこのようにして空気を伝わって行く。

③もう1つ良い例がある。隣同士に1列に並んでいる5冊の本がある。最初の本を押せば，その押した力は最初の本から次の本へと続く。それは最後の本が倒れるまで伝わる。今回押したのは，すべての本ではなく1冊だけである。しかしこの押す力は最初の本から最後の本まで伝わる。

音波は同様に空気を伝わって行く。その空気の動きはあなたの耳に届くまで続き，あなたに聞こえる。この単純かつ興味深い事実により，あなたは周りの様々な音を聞く。

Ⅳ　ア　×how old is that woman →〇how old that woman is：文中に入る疑問文(間接疑問文)は〈疑問詞＋主語＋動詞〉の語順にする。

イ　×will be →〇is：if 直後の文では，未来のことを現在形で表す。

エ　×to answer it →〇to answer：「□□は～するのが…だ」を表す〈□□＋is … to＋動詞の原形〉では，主語(□□の部分)を表す語は省略しなければならない。

カ　×boys →〇boy：「他のどんな□□より～」を表す〈比較級＋than any other＋□□〉の□□は単数形。

キ　×She is easy →〇It is easy for her：She is easy は「彼女は簡単だ」という意味であり，意味が通じない。「(人)にとって～するのは簡単だ」と表現したいときは〈It is＋形容詞＋for＋人＋to 不定詞〉を使う。

ク　×is→〇does：take は一般動詞で主語が it だから，疑問文にするときは does を使う。〈How long does it take?〉はかかる時間を尋ねる表現。

ケ　×have you finished →〇did you finish：疑問詞 when と現在完了を一緒に使うことはない。

Ⅴ　(1)　Will you <u>keep</u> the door <u>open</u>, please?：keep の使い方がポイント。「A を B(の状態)にしておく」を〈keep A B〉で表す。依頼の文だから，最初は Will you ~?「～してくれませんか？」で始める。

(2)　Is there <u>anything</u> I can <u>do</u> for him?：「彼のために何かできること」は anything を後ろから〈主語＋動詞〉で修飾して表す。anything の直後には関係代名詞が省略されている。

(3)　I received <u>a letter</u> asking me <u>to</u> help her during the spring vacation.：「～してほしいという手紙」は letter を後ろから〈現在分詞(~ing)＋語句〉で修飾して表す。「(人)に～してほしい」＝ask＋人＋to ～

━━━━━━━━━━━━━━━━《解答例》━━━━━━━━━━━━━━━━

I 問1．(1)ア (2)ウ (3)ア 問2．A.エ B.ア C.ウ D.オ E.イ

問3．4番目…イ 7番目…ク 問4．エ 問5．一つ目…毎朝，着る服を選ばなくてよいこと。

二つ目…同じ学校に所属しているという一体感を感じることができること。〔別解〕学校に誇りがもてること。

II 問1．(1)オ (2)ウ 問2．3番目…カ 5番目…エ〔別解〕3番目…イ 5番目…エ

問3．going to die 問4．live〔別解〕survive 問5．う 問6．He was sitting by the fire.

III ①エ ②ウ

IV カ，ク，コ

V 〔3番目，6番目〕(1)〔ク，キ〕 (2)〔ウ，ア〕 (3)〔ウ，ケ〕

━━━━━━━━━━━━━━━━《解 説》━━━━━━━━━━━━━━━━

I 問1(1) 〈have＋never＋過去分詞〉「一度も〜したことがない」 (2) 〈don't like any＋名詞の複数形〉

「どんな〜も好きではない」 (3) 〈only a few＋名詞の複数形〉「ほんの少数の〜」

問2 【英文の要約】参照。

問3 It isn't necessary <u>for</u> everyone to <u>wear</u> the same thing.・It is…for＋人＋to〜「(人)にとって〜することは…だ」

問4 「あなたらしくいるために，他人と違って見られる必要はない」≒「他人と違う服を着なくてもあなたらしくいられる」・without ~ing「〜することなく」

問5 Mari の4回目と5回目の発言内容をそれぞれ日本語でまとめる。

【英文の要約】

Yumi はアメリカの小学校と中学校で学び，去年日本に帰国しました。現在彼女は日本の中学校の3年生です。

Yumi ：こんにちは，Mari。最近調子はどう？あなたが愛知高校に行きたがっているって聞いたわ。愛知高校の試験を突破するために頑張って勉強しているの？

Mari ：ええ，そうよ。私は今までこんなに一生懸命勉強したことはなかったわ。私の夢は4月に愛知高校のかわいい制服を着ることよ。私はあのチェックのスカートと紺色のブレザーが好きなの。

Yumi ：本当？信じられない。

Mari ：どういう意味？愛知高校の制服が好きじゃないの？すごくかわいいのよ。

Yumi ：いいえ，私はどの制服も好きじゃないって意味よ。アメリカには制服のようなものがないのよ。今，私たちは中学生で，全員が自分の学校の制服を着なくてはいけないわ。それが嫌なの。他人と同じ衣服を着るって考えが嫌いなの。だから，A.私は制服のない高校に行きたいわ。

Mari ：たぶんそんな学校を探すのは難しいわよ。私が思うに愛知県に制服のない高校はほんの数校あるだけよ。B.とにかく，私はどうしてあなたがそこまで制服を嫌うのか不思議だわ。

Yumi ：さっきも言ったけど，他人と同じ衣服を着たくないの。みんなが同じものを着る必要なんてないわ。制服を着るとみんな同じに見えるわ。私は他人と違って見られたいの。自分らしくいたいの。

Mari ：そう。あなたの気持ちはわかったわ。でも，あなたらしくいるために，他人と違って見られる必要はないわ。衣服は私たちの生活のほんの一部でしかないのよ。それはそんなに重要ではないし，それに注意

を払い過ぎるべきではないわ。もし制服がなければ，毎朝着る服を選ばなくてはならないわ。それはとても大変だし時間の無駄よ。 C. この意味では制服は私たちにとってすごく意味があるわよね？

Yumi：私は毎朝着る服を選ぶのが楽しみよ。

Mari：聞いて。制服を着ることは他にもいい点があるのよ。制服を着ることで一体感を感じることができるの。制服を着ると同じ学校に所属していると強く感じられるわ。自分たちの学校を誇らしいと思えるわ。それっていいことじゃない？

Yumi：たぶんあなたが言ったのと同じことが言えるわ。 D. 学校を誇りに思うために，制服を着る必要などないわ。

Mari：いい加減にしてね，Yumi。聞いて。あなたは今，日本の愛知に住んでいて，おそらく制服のある日本の高校に行かなくちゃならなくなるわ。結局制服を着なきゃならないの。そのことを考えるべきよ。

Yumi：わかったわ。あなたが正しいわ，Mari。きっと，私の考え方はあまりにアメリカ的なのね。今，私は日本に住んでいて高校では制服を着なければならないわ。 E. だから制服に対する考えを変えなくちゃいけないわね。

Mari：ようやくわかってくれてうれしいわ。

Ⅱ 問1(1) ・nothing to ~「~することは何もない」 (2) ・the time to ~「~する（べき）時間」

問2 The boy never <u>wants</u> us <u>to</u> come into his room.（The boy wants <u>us</u> never <u>to</u> come into his room.）
・never ~「決して~しない」・want … to ~「（人）に~してほしい」

問3 直前の父親の発言と，その前の William の発言から抜き出す。〈be going to＋動詞の原形〉「~するだろう」 問4 die＝can't live (can't survive)

問5 筆者が William の誤解に気づいた場面。フランスの体温計と自分たちの体温計は単位が違うことを，「マイルとキロメーターの(違い)ようなものだ」と子どもにもわかるように説明した。

問6 8～9行目の He was sitting by the fire.を抜き出す。この fire は「暖炉」という意味。

【本文の要約】

彼は，私がまだ寝ている間に窓を閉めようと部屋に入って来た。彼は具合が悪そうだった。彼は顔色が悪く歩くのもゆっくりだった。

「William，どうしたんだい？」

「頭痛がするんだ」

「それならベッドに戻った方がいい」

「ううん，大丈夫だよ」

「ベッドに行きなさい。服を着たら見に行くから」

しかし階下で彼に会った時，彼はとても具合が悪そうだった。彼は暖炉のそばに座っていた。彼の額に手をあてた私は彼に熱があるのを知った。

医者がやって来て彼の体温を測った。

「何度ですか？」私は訊いた。

「102 度です」

階下では，医者が3種類の薬を置いていった。医者は熱が 104 度を越えなければ，何も心配することはないと言った。私は部屋に戻り，彼の体温と彼に薬をあげる時間を書き留めた。

「本を読んで欲しいかい？」

「パパがそうしたければ」彼は言った。彼はとても顔色が悪かった。私は声に出して本を読んだが，彼は私

(40)

の音読を聞いていなかった。

「William，気分はどうだい？」私は彼に訊いた。

「別に変わりないよ」と彼は言った。

私はベッドの足元に腰掛けて，次の薬をあげる時間まで読書した。

彼は薬を飲んだが眠らなかった。私が見上げると，彼はベッドの足元を見つめていて，とても様子がおかしかった。

「眠りなさい。次の薬のときにまた声をかけるよ」

「眠りたくないよ」

数分後彼は私に言った。「パパ，僕と一緒にここにいなくてもいいんだよ。何かすることがあるでしょ」

「特にすることはないよ」

「ううん。僕はパパを困らせたくないって意味だよ。だから，パパはここにいてくれなくていいよ」

彼は少し頭がクラクラしているのだと思い，11時に彼に薬を与えた後，私は犬を連れて散歩に出かけた。晴れた日だった。地面は氷に覆われていた。

帰宅すると，「坊ちゃんは決して私たちを部屋に入れて下さいません。坊ちゃんは『入ってこないで。僕みたいに病気になったらいけない』とおっしゃいます」と使用人たちが言った。

私は彼のもとへ行き，体温を測った。

「何度かな？」

「変わりないよ」102度だった。

「102度かぁ」彼は言った。

「おまえの体温は問題ないよ。心配するな」私は言った。

「心配なんてしてない。でも，考えるのをやめられない」彼は言った。

「考えなくていい。気持ちを楽にするといい」

「楽にしているよ」彼は言い，前方をまっすぐに見つめた。何かを深刻に考えているようだった。

「これを水と一緒に飲みなさい」

「これって効くのかな？」

「もちろんさ」

私は座って本を読み始めたが，またもや彼は聞いていないのでやめた。

「僕はいつ死ぬんだろう？」彼が訊いた。

「おまえは死にやしないさ。どうしたんだい？」

「ううん，僕は死にそうだよ。お医者さんが102度って言った」

「人間は102度の熱で死んだりしないさ」

「死ぬよ！フランスの学校で男の子たちが，44度の熱じゃ生きられないぞ，って僕に言ったんだ。僕は102度あるんだ」

彼は朝の9時から，一日中，自分が死ぬのを待っていたのだ。

「かわいそうなWilliam」私は言った。「これはマイルとキロメーターみたいなものなんだよ。おまえは死んだりしない。体温計が違うんだ。彼らの体温計では37度は平常なんだ。それはこちらの体温計では98度相当だ」

「本当に？」

「ああ！」私は言った。

彼は徐々に楽になって，ベッドの脚を見つめるのをやめた。そして一日中持ち続けていた考えもやめた。

その翌日から彼は，私たちにとってはどうでもいいようなことに，いとも簡単に大声をあげるようになった。

Ⅲ　【対話文の要約】参照。

①【対話文の要約】

Susan　：Bill，私は買い物に行くわ。あなたも一緒に来たい？

Bill　：(d)行きたいけど，まだやることがあるんだ。

Susan　：(c)それじゃあ，ショッピングセンターであなたのために買ってくるものはあるかしら？

Bill　：(a)書くための紙が必要なんだ。買って来てくれる？

Susan　：(b)もちろん。お安い御用だわ。

Bill　：いつ帰ってくるの？

Susan　：暗くなる前には戻るわ。日曜はお店が閉まるのが早いし。

②【対話文の要約】

Jane　：新しいイタリアンレストランのことを聞いたわ。

Keiko　：(b)私の家の近くのレストランのこと？

Jane　：(d)そう，その通りよ。行ったことある？

Keiko　：(c)ないけど，母が先週の土曜日に行ったわ。

Jane　：(a)お母さんはそのレストランを気に入ったって？

Keiko　：ええ。それで，私たちは明日そこでランチするつもりよ。あなたも行きましょうよ。

Jane　：いいわね。私，イタリア料理が大好きなのよ。

Ⅳ　ア　your →a：There is/are に続く名詞には your や，my などがついてはいけない。

　イ　is this watch →this watch is：間接疑問文は〈疑問詞＋主語＋動詞〉の語順。

　ウ　see →seeing：look forward to の後は名詞。動詞は動名詞にする。

　エ　During →While：During は前置詞だから，後に〈主語＋動詞〉がくることはない。

　オ　talked →told：・tell … to ~「…に~するよう言う」

　キ　will finish →finish：時を表す接続詞の後は未来のことでも現在形で表現する。

　ケ　open the door →the door open：・keep A B「A を B（の状態）にしておく」

Ⅴ　(1)　Mike was too tired to do his homework.・too…to ~「…すぎて~できない」

　(2)　The lady told me　where to buy the ticket.・where to ~「どこで~したらよいか」

　(3)　Everyone I met in the town was very kind to me.　I met in the town が Everyone を修飾。・be kind to ~「~に親切にする」

平成 ㉕ 年度　解答例・解説

《解答例》

Ⅰ　問1．オ　　問2．オ　　問3．working for money is more important than going to school.　　問4．エ
　　問5．Ⅰ　　問6．English

Ⅱ　問1．telling the truth　　問2．エ　　問3．ア　　問4．tell the truth about things that may hurt
　　問5．他人と調和を保つためにうそをつくこと。　　問6．(う)　　問7．イ

Ⅲ　①ウ　　②ア　　③カ

Ⅳ　ウ，オ，ク

Ⅴ　［3番目／5番目］　1．［ク／キ］　　2．［イ／エ］　　3．［ウ／ア］

《解　説》

Ⅰ　　　　　　　　　　　　　　　　　　　　　　〔本文の訳〕

智　　美：私はいつか国際ボランティアで働けることを望んでいます。あなたがアフリカでボランティアとして
　　　　　働いていたと聞きました。何をしていたか教えていただけますか？

ホワイト：了解。私はシエラレオネで働いていたよ。聞いたことはある？

智　　美：はい，アフリカにある国ですね。

ホワイト：そうだよ。シエラレオネでは戦争があって，多くの人がけがをしたり殺されたりしたんだ。赤ちゃん
　　　　　や小さな子どもは十分な食料が得られず，病気になってしまったんだ。A(c)だけど戦争で壊されて病院
　　　　　はなくなってしまった。(a)それで私はまた病院を作るために働いていたんだ。(b)その後，私は子どもの
　　　　　ための学校を作るために働き始めたんだ。私はその学校で働く人々の世話をしていたんだ。

智　　美：それはすごいですね！

ホワイト：そう。だけど国際ボランティアには2つの問題があるんだ。その仕事を考えた時に，その問題を知る
　　　　　ことはとても大事なんだ。

智　　美：1つ目は何ですか？

ホワイト：支援している現地の人の暮らしと私達の暮らしが全然違うから，彼らの暮らしを理解することは難し
　　　　　いんだ。

智　　美：どういうことですか？

ホワイト：例えば現地の人向けの学校はB少ないのが普通なんだ。学校に行けず，読み書きのできない子がたく
　　　　　さんいる。だからボランティアが子どものために学校を作る。だけど学校を作っても，学校に来れな
　　　　　いときもあるんだ。

智　　美：どうしてですか？

ホワイト：その人達がとても貧しくて，子ども達も働かなければならないからさ。私達はお金のために働くより，
　　　　　学校に行くことが大事だと思っている。だけどそこの人達はそう思っていないんだ。彼らはc学校に行
　　　　　くことより，お金のために働くことが大事だと思っているんだ。だから子ども達は学校に来れないんだ。

智　　美：それは難しいですね。２つ目の問題は何ですか？

ホワイト：ボランティアは１つの場所に長い時間いられないんだ。いつかは離れなければならない。だけど管理者がいないと病院や学校は動かなくなってしまう。だから現地の人が経営できないといけない。ボランティアはその国を離れる前にそのやり方も_D教えないといけないんだよ。

智　　美：それも難しいですね。

ホワイト：そうなんだ。これらの問題があるから，国際ボランティアは難しい。やりがいのある仕事だけれども忍耐も必要なんだ。

智　　美：それでも私は困っている人を助けたいです。何か私にできることはありますか？

ホワイト：世界で起こっていることを知ることだよ。他の国から来たボランティアたちが分かる言葉を学ぶ必要があるよ。今，私達が話している言葉だよ。

智　　美：わかりました。それを一生懸命勉強します。

　問１　本文の訳参考。ホワイト先生の２回目の発言はシエラレオネの問題を語った。問題の提起(c)→対策(a)(b)の流れ。(b)Later「後に」に注目。

　問２　空欄１行下の「多くの子どもが学校に行けない」から学校はオ「少ない」

　問３　空欄の１行上"it is important ～ for money"の後に，"But they don't think so."とあるからその逆が答え。

　問４　・teach ⓐ how to ⓑ「ⓐにⓑする方法を教える」

　問５　Is there anything I can do now?関係代名詞 that が省略された文。(that) I can do now が anything を修飾。　　問６　(F)は２行上"the language we're speaking now"を指す。

Ⅱ　　　　　　　　　　　　　　　　　　　　　〔本文の訳〕

　日本社会と西洋社会には真実を話すことに大きな違いがある。日本では「嘘も方便」という表現がある。西洋でも人々は嘘をつくことがあるが，その理由は日本とはだいぶ違うのである。

　私が小学生の時，先生はこんな話をしてくれた。初代アメリカ大統領，ジョージ・ワシントンは，子どもの頃，父親の桜の木を切り倒してしまった。そのことを彼は父親に正直に話し，父親は「真実を話すことは大事だ」と言った。

　アメリカの教師はこの話を「真実を言うことは正しい」とまとめるが実は，この話自体が大きな嘘なのだ。しかしこの話は教訓のために使われたのだ。アメリカ人も日本人も誰かを傷つけないように嘘をつく。そのような嘘は「白い嘘」と呼ばれる。

　もちろん，実際，多くのアメリカ人は嘘をつくことがある。子どもも困難な状況から逃げるために嘘をつくことがあるが，たいてい嘘をつくことは悪いことだと思っている。

　嘘はアメリカ社会でよくあることだが，日本ではもっと多い。本当の嘘は日本文化全般に見られ，そのほとんどが許されてしまい，それらを本当の嘘と呼びすらしない。日本人は誰かを傷つけてしまうような嘘は失礼にあたると考えるのだ。西洋でもこの認識はあるが，日本ほどではない。

　「臭い物にはふたを」という日本のことわざは，誰かを傷つけるかもしれない真実は言うべきでないと言うときに使われる。こうして嘘をつかなければならないときもあるのだ。

　日本では全員が全部真実を話していては仲良くして生きていけない。平和を維持するために嘘をつくのは当然

(44)

日本では全員が全部真実を話していては仲良くして生きていけない。平和を維持するために嘘をつくのは当然で，それを日本社会の一部と考える日本人がほとんどである。

問1　第2段落は「ジョージは子どもの頃悪いことをしたが，お父さんに真実を話した」というエピソード。先生は最後に「真実を話すことは大事だ」とまとめた。

問2　(2)の2行下"telling the truth ～　hurts someone"が理由。それと同じ意味のエが適当。

問3　(3)は「(西洋でこの認識は)日本ほど多くない」という意味。「その認識」＝「誰かを傷つけるような真実を話すことは失礼である」

問4　本文の訳参考。・tell the truth「真実を話す」・hurt someone「誰かを傷つける」

問5　(5)は1行上の"Lying to keep the peace"を指す。

問6　本文の訳参考。英文はアメリカ人のつく嘘の補足説明。アメリカ人のつく嘘の説明(う)の後が適当。

問7　第1段落はこの論文の導入部。その最終文を要約したイが適当。

Ⅲ　〔本文の訳〕

A：エ．今日のゲストは「トミーの不思議な宇宙探検」の監督，ジェームズ・ジョンソン氏です。ようこそ，ジェームズ。

B：ケ．お招きいただき，ありがとうございます。

A：ウ．まず始めにあなたは<u>どんな子ども</u>でしたか？

B：キ．<u>他の子と遊ぶ</u>のは好きではありませんでした。いつもお絵描き帳に絵を描いていましたね。誕生日に買ってもらった絵の具で<u>自分の部屋の壁</u>にも絵を描きました。映画のセットみたいでしたね。

A：ア．その<u>部屋</u>を拝見したいですね。映画に興味を持ったのは<u>いつ</u>ですか？

B：コ．<u>10歳の時</u>，母が仕事で行く映画スタジオに連れて行ってくれました。本物の映画のセットを見て，言葉が出ないくらい驚きました。映画作りが私の人生になったのはその時からです。

A：イ．それはすごい。<u>次の作品</u>はどんなものですか？

B：カ．サマーキャンプで出会った少年と少女が家庭を作る夢を叶える優しい<u>お話</u>です。

A：オ．面白そうですね。待ちきれません。<u>今日はありがとうございました</u>。

B：ク．どういたしまして。

本文の訳参考。下線部に注目して並べ替える。

Ⅳ　ア　・最上級+<u>of</u>+数字「～人の中で最も」in→of

　　イ　「中国語が話せる人が必要だ」someone can→someone who can

　　エ　When と現在完了は一緒にしない。have you climbed→did you climb　　カ　最後の is が余計。

　　キ　・by+交通手段「～で」by a car→by car

　　ケ　・help A with B「AのBを手伝う」help my homework→help me with my homework

Ⅴ　1　Do you <u>want</u> me <u>to</u> carry your bag?・want ⓐ to ⓥ「ⓐにⓥしてほしい」

　　2　What is <u>this</u> food <u>called</u> in French?・be+過去分詞「～される」

　　3　I'm looking <u>forward</u> to <u>visiting</u> my aunts.・look forward <u>to</u> ~<u>ing</u>「～するのを楽しみにする」to は不定詞ではなく前置詞だから後ろは動名詞。

■ ご使用にあたってのお願い・ご注意

（1）問題文等の非掲載

　著作権上の都合により，問題文や図表などの一部を掲載できない場合があります。

　誠に申し訳ございませんが，ご了承くださいますようお願いいたします。

（2）過去問における時事性

　過去問題集は，学習指導要領の改訂や社会状況の変化，新たな発見などにより，現在とは異なる表記や解説になっている場合があります。過去問の特性上，出題当時のままで出版していますので，あらかじめご了承ください。

（3）配点

　学校等から配点が公表されている場合は，記載しています。公表されていない場合は，記載していません。

　独自の予想配点は，出題者の意図と異なる場合があり，お客様が学習するうえで誤った判断をしてしまう恐れがあるため記載していません。

（4）無断複製等の禁止

　購入された個人のお客様が，ご家庭でご自身またはご家族の学習のためにコピーをすることは可能ですが，それ以外の目的でコピー，スキャン，転載（ブログ，ＳＮＳなどでの公開を含みます）などをすることは法律により禁止されています。学校や学習塾などで，児童生徒のためにコピーをして使用することも法律により禁止されています。

　ご不明な点や，違法な疑いのある行為を確認された場合は，弊社までご連絡ください。

（5）けがに注意

　この問題集は針を外して使用します。針を外すときは，けがをしないように注意してください。また，表紙カバーや問題用紙の端で手指を傷つけないように十分注意してください。

（6）正誤

　制作には万全を期しておりますが，万が一誤りなどがございましたら，弊社までご連絡ください。

　なお，誤りが判明した場合は，弊社ウェブサイトの「ご購入者様のページ」に掲載しておりますので，そちらもご確認ください。

■ お問い合わせ

　解答例，解説，印刷，製本など，問題集発行におけるすべての責任は弊社にあります。

　ご不明な点がございましたら，弊社ウェブサイトの「お問い合わせ」フォームよりご連絡ください。迅速に対応いたしますが，営業日の都合で回答に数日を要する場合があります。

　ご入力いただいたメールアドレス宛に自動返信メールをお送りしています。自動返信メールが届かない場合は，「よくある質問」の「メールの問い合わせに対し返信がありません。」の項目をご確認ください。

　また弊社営業日（平日）は，午前9時から午後5時まで，電話でのお問い合わせも受け付けています。

2025 春

株式会社教英出版

〒422-8054　静岡県静岡市駿河区南安倍3丁目 12-28

TEL　054-288-2131　　FAX　054-288-2133

URL　https://kyoei-syuppan.net/

MAIL　siteform@kyoei-syuppan.net

2025　26 の 1　愛知高 7 年分

平成31年度

愛知高等学校入学試験問題

数　学

(45分)

--- 注　意 ---

1. 問題は $\boxed{1}$ から $\boxed{4}$ まであります。

2. 問題の内容についての質問には応じません。

   印刷のわからないところがある場合には、静かに手をあげて監督の先生の指示に従いなさい。

3. 解答はすべて解答用紙に記入しなさい。

   氏名、受験番号を書き落とさないように注意し、解答し終わったら必ず裏がえして机の上に置きなさい。

4. 円周率 π、無理数 $\sqrt{2}$, $\sqrt{3}$ などは近似値を用いることなく、そのままで表し、有理化できる分数の分母は有理化し、最も簡単な形で答えなさい。

5. 答えが分数のときは、帯分数を用いない最も簡単な分数の形で答えなさい。

6. 計算機を使用してはいけません。

7. 解答用紙だけを提出し、問題用紙は持ち帰ってよろしい。

1　次の問に答えなさい。

(1)　$\left\{-1-\dfrac{3}{2^2}\times\left(1-\dfrac{1}{3}\right)\right\}^2\div 0.25$ を計算しなさい。

(2)　$\dfrac{2x+5}{3}-\dfrac{x-4}{6}-\dfrac{3x+12}{9}$ を計算しなさい。

(3)　$\sqrt{\dfrac{675}{10000}}-\dfrac{3}{20\sqrt{3}}$ を計算しなさい。

(4)　$a=\sqrt{3}+\sqrt{2}$, $b=\sqrt{3}-\sqrt{2}$ のとき，$(2a+b)^2-(a+2b)^2$ の値を求めなさい。

(5)　不等式 $\dfrac{1}{5}<\dfrac{1}{\sqrt{n}}<\dfrac{1}{4}$ を満たす自然数 n は全部で何個あるか求めなさい。

(6)　図のように4点 A，B，C，D は円 O の周上にあり，AC と BD の交点を E とする。
AB＝3cm，AC＝10cm，BD＝8cm，CD＝9cm のとき，線分 AE の長さを
求めなさい。

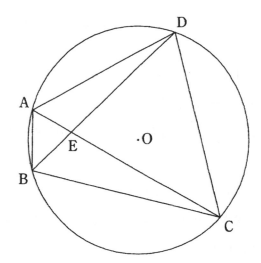

(7)　以下の文章が成り立つように，空欄アは数値を，空欄イは「正方形」または
「円」で答えなさい。

　　1辺が π cmである正方形の周の長さと，半径が r cmである円の周の長さが
等しくなるのは

　　　　$r=\boxed{\text{ア}}$

のときである。このとき，正方形と円の2つの図形のうち面積が大きい図形は
$\boxed{\text{イ}}$ である。

(8)　$\dfrac{1}{11}$ を小数で表したとき，小数第 1 位から，小数第 2019 位までの各位の数の和を求めなさい。

(9)　2 つの関数 $y=\dfrac{1}{2}x+\dfrac{1}{2}$ と $y=x^2$ のグラフの交点の座標をすべて求めなさい。

(10)　半径 $2\sqrt{3}$ cm の円 O_1 と半径 $2\sqrt{6}$ cm の円 O_2 が 2 点 P，Q で交わっている。PQ $=2\sqrt{6}$ cm のとき，これら 2 円が重なっている斜線部分の面積を求めなさい。

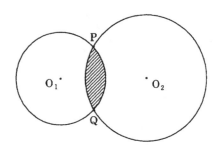

(11)　ある美術館では入館料が，大人 2 人と小人 1 人で 1120 円，大人 1 人と小人 3 人で 1260 円かかる。大人の入館料を x 円，小人の入館料を y 円とするとき，x, y についての連立方程式をつくり，さらに x, y の値をそれぞれ求めなさい。

(12)　A さんのクラス 40 人全員に，夏休みに読んだ本の冊数を調査したところ，下記のような結果であった。

　　　平均値 4.3 冊，　　中央値（メジアン）3 冊，　　最頻値（モード）5 冊

また，A さんが読んだ本は 4 冊であった。

　　このとき，読んだ本の冊数が少ない人から数えると，

　　　① A さんは 20 番目以内である

　　　② A さんは 21 番目以降である

のいずれが正しいかを番号で答え，さらにそう判断した理由を簡潔に答えなさい。

2　　図の長方形 ABCD について，点 A は関数 $y=x$ のグラフ上にあり，点 C は関数 $y=x^2$ のグラフ上にある。また，辺 AB と CD は y 軸に平行で，辺 BC と AD は x 軸に平行であり，これら 4 辺すべてが 2 つのグラフで囲まれた部分の内側および周上にある。

　　点 A の x 座標を a，点 C の x 座標を t とするとき，次の問に答えなさい。

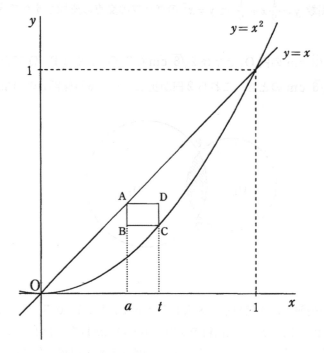

（1）　長方形 ABCD の周の長さ L は t の値のみで決まり，a の値は関係ないことを長さ L を求めることにより簡単に説明しなさい。

（2）　$a=\dfrac{1}{2}$ で，四角形 ABCD が正方形になるときの t の値を求めなさい。

3 　一方の面は黒で，他方の面が白である6枚のカードがある。机の上に横一列に並べられたこの6枚のカードに対して，次のような操作を行う。

　　┌─≪操作≫────────────────────────────┐
　　│　1．1から6までの目がある1つのサイコロを投げる。　　　　　│
　　│　2．出た目の数が n のとき，机の上のカードで左から『n の正の約数』番目の│
　　│　　　カードをすべて裏返す。　　　　　　　　　　　　　　　　　│
　　└────────────────────────────────────┘

　例えば，6枚のカードが黒の面を表にして並んでいる状況で，サイコロを投げて4の目が出たときは，左から1番目，2番目，4番目のカードをすべて裏返す。

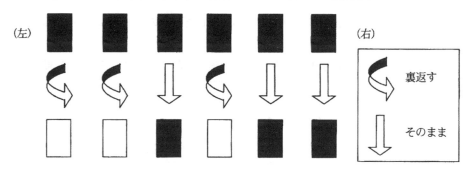

　このとき，次の問に答えなさい。

（1）　最初，6枚のカードを黒の面が表になるように並べて，≪操作≫を1回行ったとき，表になっている面が黒4枚，白2枚となっている確率を求めなさい。

（2）　最初，6枚のカードを黒の面が表になるように並べて，≪操作≫を2回続けて行ったとき，左から3番目のカードの表の面が黒である確率を求めなさい。
　　　ただし，2回目の≪操作≫は，1回目の≪操作≫を行った後，カードは戻さずに行うものとする。

4 次のA先生とBさんの会話を読んで，空欄ア～エにあてはまる最も適切な数値，または語句を答えなさい。

A：来年は東京オリンピックが開催されるね。Bさんは今度のオリンピックが東京で行われる2回目のオリンピックだと知っているかな。

B：テレビで特集されているのを見たから知っています。前回は1964年ですよね。

A：そうだね。 1964年10月10日に開会式が開かれたんだよ。それを記念してかつては10月10日が体育の日になっていたんだ。

B：そうだったんですね。

A：じゃあ今回は1964年10月10日が何曜日だったのかを考えてみよう。

B：はい。

A：まず，今日（2019年2月5日）は火曜日だね。さらに， 1年間は365日あるから，週7日なので365を7で割ると ア 余るね。そうすると1年前の2018年2月5日は何曜日になるか分かるかな。

B：365を7で割ると52余り ア だから イ 曜日ですね。

A：その通りだね。次に， 2018年10月10日が何曜日だったのかを考えてみよう。

B：4月，6月，9月， 11月が一ヶ月30日あり， 2月は28日，その他の月は31日あるので…2018年10月10日は ウ 曜日ですね！

A：その通りだね。この2018年10月10日を基準として， 1964年10月10日までさかのぼれるね。ただし， 2016年， 2012年， 2008年，…， 1972年， 1968年のようにこの間では西暦が4で割り切れる年はうるう年だから， 1年間に366日あることに注意しようね。

B：ということは， 1964年10月10日は エ 曜日ですね！

A：そうだね。良く出来たね。

平成31年度

愛知高等学校入学試験問題

英　　語

(45分)

注　意

1. 問題は $\boxed{\text{I}}$ から $\boxed{\text{III}}$ です。

2. 問題の内容についての質問には応じません。

　印刷のわからないところがある場合には、静かに手をあげて監督の先生の

　指示に従いなさい。

3. 解答はすべて解答用紙に記入しなさい。

　氏名、受験番号を書き落とさないように注意し、解答し終わったら必ず裏が

　えして机の上に置きなさい。

4. 解答用紙だけを提出し、問題用紙は持ち帰ってよろしい。

I 次の英文を読んで、以下の問いに答えなさい。

*Research shows that children who eat well when they are young usually eat well as *adults, too. And, children who have poor eating *habits *are more likely to become unhealthy adults.

⌐‾‾‾‾‾‾‾‾‾‾‾‾‾‾‾‾‾‾‾‾‾‾‾‾‾‾‾‾‾‾‾‾‾‾‾¬ Here are some pieces of advice. They are useful for teaching children good eating habits, and making meal times fun.

You should go shopping with your children at the supermarket or the farmer's market. They can see different kinds of foods, and help you to choose what foods to buy. Then they will be more interested in the meals they eat. Older children can help their parents when they make shopping lists.

It is important to teach children what a "*balanced" meal means. Half of their meal should be fruits and vegetables because they have *vitamins that make our bodies healthy. The other half should be *grains (like rice or *wheat) and *protein (like fish, meat or *tofu*) because they give us energy and help us to grow. At the supermarket, talk about which foods keep us healthy, and which foods give us energy to play sports or study.

Don't talk about "good" foods and "bad" foods. *Instead, teach children which foods they can eat all the time (like rice, milk, and vegetables) and which foods they should eat only sometimes (like french fries and cookies).

Teaching children how much to eat is a good idea. They can eat as many vegetables as they like, but for rice or spaghetti, they should *match the size of their **fist**. For *tofu* or meat, they should match the size of their *palm, and *fatty foods, like butter or *mayonnaise, should be the size of the *tip of their *thumb.

*Sweets like candy and cookies taste good, but eating too much of them is not good for our bodies. Tell them to have fresh fruit for *dessert sometimes, and eat sweet foods only two or three times a week.

Children should think carefully about how much they are eating. *Turn off all *screens during meals. When children watch TV or look at smartphones while eating, they may not feel that they are full, and will eat more than they need. And, when we eat slowly, we give our bodies a chance to feel full. Then we do not eat too much.

Eat together as a family. If your children see you eating healthy foods, they will want to eat healthy foods, too. Also, talk about interesting things with your children during meals. Then they will enjoy meal times.

For many parents, teaching children good eating habits is difficult. These ideas will be useful to make meal times fun, and your children can grow up to be healthy adults.

research 研究　adult 大人　habit 習慣　be likely to〜 〜しがちである　balanced バランスのとれた
vitamin ビタミン　grain 穀物　wheat 小麦　protein たんぱく質　instead 代わりに　match 〜に合う
palm 手のひら　fatty 油っこい　mayonnaise マヨネーズ　tip 先端　thumb 親指　sweet 甘いもの
dessert デザート　turn off 〜のスイッチを切る　screen 画面

問1. ☐ の部分には、次の英文A〜Dが入ります。意味が通じるように並べ替え、その順番を記号で答えなさい。

    A   But, teaching children to eat well can be difficult.

    B   *On the other hand, if children can choose their own meals, they will *probably choose foods that are not healthy and have bad eating habits.

    C   So, of course, most parents want their children to eat well.

    D   If parents always have to tell them to eat their vegetables, eating together will not be fun.

    on the other hand 一方では、反対に　probably たぶん、おそらく

問2. 本文の内容に関して、次の英語の質問に対する答えを一つずつ選び、記号で答えなさい。

    (1)   Why is it good for children to choose foods in the supermarket?

        A   They will think more about the meals they eat.

        B   They will choose only the foods that they like.

        C   They will know how many kinds of foods are in the supermarket.

    (2)   Which of the choices is NOT an example of a "balanced" meal?

        A   *tofu*, pasta and tomato

        B   pork, rice and miso soup with carrot

        C   bread, chicken and milk

    (3)   What happens when children look at smartphones while eating?

        A   They talk more during meal times.

        B   They may eat too much.

        C   They enjoy meal times more.

    (4)   Why is it better to eat slowly?

        A   When we eat slowly, we do not eat too much.

        B   When we eat slowly, we can enjoy talking and eat more.

        C   When we eat slowly, our meals become more balanced.

    (5)   Which of the choices is true?

        A   Half of your body should be made of fruits and vegetables.

        B   You should eat vegetables only two or three times a week.

        C   Children should not eat cake every day.

問3. 下線部の単語**fist**は、英英辞典で次のように説明されています。この単語の意味を日本語で答えなさい。

    a hand with the fingers closed together *tightly

    tightly きつく、しっかりと

問4. この英文のタイトルとして最も適切なものを一つ選び、記号で答えなさい。

    A Eating As Many Foods As You Can   **B** Well-Balanced Food

    C Teaching Children Healthy Eating Habits   **D** Good Foods and Bad Foods

次の英文を読んで、以下の問いに答えなさい。

Do you know about Bangkok? It is the *capital of Thailand, and one of the busiest cities in the world. Like New York, Tokyo, and Hong Kong, Bangkok is a city that never sleeps, and there are many things to do and see there. Actually, there is so much to do in Bangkok that if you only have a short time to visit, 　あ　 But, don't worry. I have made a list of my favorite things to do in Bangkok, so even if you can only go for two or three days, you can still see a lot and have a great time. Here are some ideas:

Go to a sky bar. A sky bar is a bar on the *rooftop of a tall building, with a great view of the city. There are several sky bars in Bangkok. Some of the most famous ones are Vertigo & Moon Bar and Red Sky. If you don't have much money, 　い　 Of course, there are also cheaper sky bars.

You should enjoy the street food. Bangkok has many kinds of street food, and you can buy food at any time of the day. There are food *stalls everywhere in Bangkok, so they are easy to find. And, there are many choices, so I am sure that you can find something you want to eat. Street food is also very cheap! For example, you can get Satay (chicken or pork on a stick) for 10 *baht (about 35 yen)! If you feel *brave, try *unusual *snacks, like *scorpions, *spiders, and *worms. You can buy "*exotic" food at some food stalls.

In the ①heart of Bangkok is a huge building *complex called the Grand Palace. It was the home of many kings of Thailand. The palace grounds are a great place to walk around and *escape from the noises of the city for a little while. If you visit the Grand Palace, 　う　 It is called the Emerald Buddha Temple. There you can see the Emerald Buddha made of *jade inside the temple. But, you must *dress nicely. If you wear shorts or a T-shirt, you cannot go inside and see the beautiful Buddha.

Next, how about shopping for clothes? Bangkok is a great city for finding *bargains on *clothing. There are clothing shops everywhere, especially in the main shopping center - Central World. Remember that the Thai stores are cheaper than the European stores, like H&M and Zara. If you wear large size clothes, 　え　 If you wear small sizes, however, Bangkok will be a shopping *paradise.

Visit a floating market. There are several floating markets outside the city. It takes a few hours to get to many of them, so you should make a *reservation at a travel company. ②The floating markets are a great way to learn about Thai culture and to see how Thai people live. Don't forget to bring your camera!

These are just a few of the things to do in Bangkok, but they are a good place to start. (　③　) staying in Bangkok is so cheap, you can always visit there again!

capital 首都　rooftop 屋上　stall 売店　baht バーツ(タイの通貨単位)　brave 勇気がある
unusual 普通でない　snack 軽食　scorpion さそり　spider クモ　worm 虫　exotic 異国風の、風変わりな
complex 複合施設　escape 逃れる　jade ひすい (宝石の一種)　dress 着る　bargain 買い得の品
clothing 衣服　paradise 天国　reservation 予約

埋田

番号

$$x = \qquad , y = \qquad$$

2	(1)	(2)
		$t =$

3	(1)	(2)

4	ア	イ	ウ	エ

※100点満点
(配点非公表)

→

	(4)		(5)	

え

問4		問5	

		5
		10
		15
		20
		25

(2) ●	▲

(2)
) (   )(   )

Ⅰ

問1	→	→

問2	(1)	(2)	(

問3		

Ⅱ

問1	あ	い	

問2		問3	

問6	A		
	B		
	....		
	....		
	....		
	....		
	....		

Ⅲ

A		
B	(1) ●	▲
C	(1) (	)(

氏　　　　名

受　験　番　号

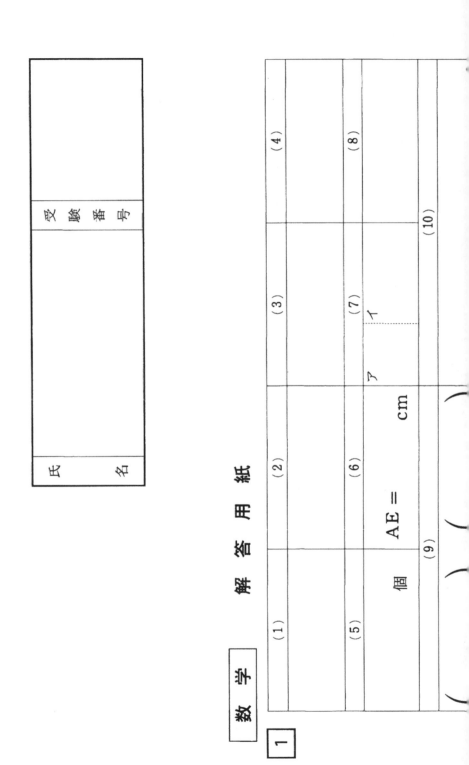

数 学　　解 答 用 紙

受　験　番　号		氏　　　名

1

(1)	(2)	(3)	(4)
(5)	(6)	(7) ア　イ	(8)
(9) 個	AE ＝ cm	(10)	

【解答用

問1. あ ～ え に入る最も適切な文を一つずつ選び、記号で答えなさい。

あ A it is difficult to do and see everything.
   B it is difficult to go downtown.
   C it is best to walk everywhere.
   D it is easy to do and see everything.

い A you can go there many times.
   B you should have a delicious dinner and see the view.
   C you can go to a more expensive sky bar.
   D you can just buy one drink and enjoy the view.

う A don't forget to wear shorts. It's very hot.
   B don't forget to see the wonderful main building.
   C don't forget to visit some museums.
   D don't forget to buy some gifts for your friends.

え A you can choose your favorite color.
   B it will be easy for you to find your size.
   C it will be difficult for you to find your size.
   D you will love wearing small sizes.

問2. 次の組み合わせの関係にならって、(●)に入る単語を本文から抜き出して答えなさい。

Japan	日本	Japanese
Germany	ドイツ	German
( )	タイ	(●)

問3. 下線部①の単語が同じ意味で使われている文を一つ選び、記号で答えなさい。
   A The patient's <u>heart</u> stopped working for a minute.
   B She knew his phone number by <u>heart</u>.
   C She has a kind <u>heart</u>.
   D The hotel is at the very <u>heart</u> of the town.

問4. 下線部②の意味として最も適切なものを一つ選び、記号で答えなさい。
   A 水上マーケットはタイの文化やタイの人々の生活による偉大な成果です。
   B タイの人々の暮らしぶりを見るためには、水上マーケットでのタイの文化を学ぶことが大切です。
   C タイの文化やタイの人々の暮らしを見ることが、水上マーケットを楽しむ最善の方法です。
   D 水上マーケットに行くことは、タイの文化やタイの人々の生活を理解するとてもよい方法です。

問５．（　③　）に入る最も適切な語を一つ選び、記号で答えなさい。
　　　　A　Because　　**B**　Though　　**C**　Before　　**D**　When

問６．あなた(You)と友達は旅行に関して会話をしました。下の会話文の[A]・[B]に入る、
　　　あなた自身の答えを英語で書きなさい。ただし、次の条件を満たすこと。

　　　・[A]にはBangkok以外の地名を一つ書きなさい。

　　　・[B]にはあなた自身の答えを英語で書きなさい。ただし、問題文・会話文に
　　　　ある表現はそのまま使わないこと。

　　　・[B]は、解答用紙の下線部に一語ずつ書き、15語以上25語以下の英語で書くこと。
　　　　文は二文以上になってもよい。なお、ピリオド・コンマ・クエスチョンマーク
　　　　などの記号は語数に数えないので、それらは下線部と下線部の間に書くこと。

```
┌─解答記入例──────────────────────┐
│  Where    are    you   ?  I'm    in     5  │
│   the    library .                    10  │
└────────────────────────────────┘
```

（上の例では7語である。）

[会話文]
Friend:　I went to Bangkok during the summer vacation.
　　You:　Wow, that's great! Did you have a good time there?
Friend:　Of course, I did!
　　You:　What did you like the best in Bangkok?
Friend:　All the food was so delicious and there were so many nice buildings to see! I will visit
　　　　　Bangkok again. How about you? Where do you want to visit again?
　　You:　I want to visit [　　A　　] again.
Friend:　Why?
　　You:　[　　　　　　　　　　B　　　　　　　　　　]

A　次の英文のうち、文法的に正しいものを三つ選び、記号で答えなさい。

　　ア　Takeru is so healthy that he has not been caught a cold this year.
　　イ　Everyone feel sad because Hanako has gone to the United States.
　　ウ　Jiro stopped to run to ask a man the way to the station.
　　エ　What has interested you the most?
　　オ　This is the largest house that I have never seen.
　　カ　Mary asked me what that tall man was talking about.
　　キ　He read the newspaper in the library yesterday evening.
　　ク　I'm easy to answer the questions.

B　日本語の意味を表すように、ア〜ケの語(句)を並べ替えたとき、(●)と(▲)に入るものを記号で答えなさい。ただし、不必要なものが一つずつ含まれています。また文頭に来る語(句)も小文字で始まっています。

(1) この本のタイトルからはどんな内容なのかわからない。
　　(　)(●)(　)(　)(　)(　)(▲)(　) about.

[ア written　イ is　ウ you　エ don't　オ tell　カ the title　キ doesn't　ク this book
ケ what]

(2) いつ彼女にプレゼントを渡したらいいかなあ。
　　(　)(　)(　)(●)(　)(▲)(　)(　).

[ア when　イ her　ウ present　エ to　オ should　カ I　キ the　ク give　ケ wonder]

C　次の各組の英文がほぼ同じ意味になるように、(　)に入る最も適切な英単語を一語ずつ書きなさい。

(1) Her computer was not as expensive as his.
　　Her computer was (　)(　) his.

(2) Will you tell me how large your school library is?
　　Will you tell me the (　)(　) your school library?

平成30年度

愛知高等学校入学試験問題

数 学

(45分)

注 意

1. 問題は 1 から 4 まであります。

2. 問題の内容についての質問には応じません。

   印刷のわからないところがある場合には、静かに手をあげて監督の先生の指示に従いなさい。

3. 解答はすべて解答用紙に記入しなさい。

   氏名、受験番号を書き落とさないように注意し、解答し終わったら必ず裏がえして机の上に置きなさい。

4. 円周率 π、無理数 $\sqrt{2}$、$\sqrt{3}$ などは近似値を用いることなく、そのままで表し、有理化できる分数の分母は有理化し、最も簡単な形で答えなさい。

5. 答えが分数のときは、帯分数を用いない最も簡単な分数の形で答えなさい。

6. 計算機を使用してはいけません。

7. 解答用紙だけを提出し、問題用紙は持ち帰ってよろしい。

$\boxed{1}$ 次の各問に答えなさい。

（1）$3\sqrt{2}-\sqrt{8}+\sqrt{72}$ を計算しなさい。

（2）$\left(\dfrac{1}{2}xy\right)^3 \div \left(-\dfrac{1}{3}x^2y\right)^2 \times \dfrac{4}{3}xy$ を計算しなさい。

（3）2次方程式 $x^2-10x+a=0$ の1つの解が $5+\sqrt{7}$ であるとき，a の値を求めなさい。

（4）2次関数 $y=x^2$ において，x の変域が $-6\leqq x<5$ のとき，y の変域で最も適切なものを以下のア～エの中から1つ選びなさい。
　　　ア．$25<y\leqq36$　　　イ．$0<y\leqq36$　　　ウ．$0\leqq y<25$　　　エ．$0\leqq y\leqq36$

（5）原価に対して2割の利益があるように定価を付けた商品がある。この商品を定価の1割引きで売ったところ，利益は2000円となった。このとき，原価を求めなさい。

（6）たて168 cm，よこ180 cm の長方形の床に，正方形のタイルを隙間なく敷き詰める。タイルをできるだけ大きくしたときの1辺の長さを求めなさい。

（7）右の表は，20人があるテストを行ったときの得点を表したものである。このとき，全員の得点の平均値を求めなさい。

階　級(点)	度数(人)
$50^{以上} \sim 60^{未満}$	4
60 〜 70	1
70 〜 80	10
80 〜 90	3
90 〜 100	2
計	20

（8）右の図において，点 G は △ABC の重心である。△ABC の面積が 30 cm² であるとき，斜線部分の面積の和を求めなさい。

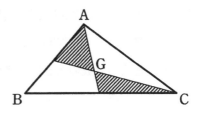

— 1 —

（9）右の図において，∠x の大きさを求めなさい。
ただし，点 O は円の中心である。

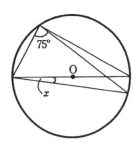

（10）右の図のように，底面の直径が 4 cm，母線の長さが
8 cm の円錐がある。底面の円周上の 1 点 P から円錐
の側面に糸を 1 巻きさせる。糸の長さが最も短くなる
とき，その長さを求めなさい。

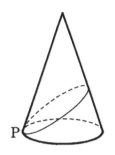

2 図のように，関数 $y=2x^2$ のグラフと直線 l が 2 点 A , B で交わっている。点 A の x 座標は -2 で，直線 l の傾きは 2 である。

このとき，次の問に答えなさい。

（1）直線 l の式を求めなさい。

（2）点 B の座標を求めなさい。

（3）点 O を通り $\triangle$OAB の面積を 2 等分する
直線の式を求めなさい。

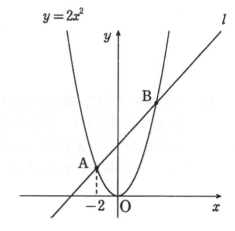

3 図のように，0から10までのマスがあるすごろく
がある。コマは最初0のマスにいて，さいころを
ふり出た目の数だけコマを右に進める操作を繰り
返し，コマがちょうど10のマスに到着するとき
のみゲームは終了とする。

| 0 | 1 | 2 | 3 | 4 | 5 | 6 | 7 | 8 | 9 | 10 |

なお，10のマスを超える場合は，10を超える数だけ10のマスから左にコマを戻し，
次の操作からは同様のルールで右にコマを進める。

　（例えば，何回かの操作後に9のマスにいて，さいころをふり3の目が出たときは，
8のマスに移動し，次に1の目が出たときは9のマスに移動する。その後，ちょう
ど10のマスに到達するまで続ける。）

　このとき，次の問に答えなさい。

（1）2回目の操作でゲームが終了する場合は何通りあるか求めなさい。

（2）3回目の操作でゲームが終了する場合は何通りあるか求めなさい。

4 a を正の数とするとき，a を超えない最大の整数を $[a]$ で表す。

　　(例)　　$[\,2.3\,]=2$

　　　　　　$[\,\sqrt{2}\,]=1$

　このとき，次の問に答えなさい。

（1）$[\,\sqrt{5}\,]$ の値を求めなさい。

（2）$[\,\sqrt{2018}\,]$ の値を求めなさい。

（3）$\dfrac{[\,\sqrt{2018}\,]}{\sqrt{m}}$ の値が自然数となるような自然数 m の値はいくつあるか答えなさい。

— 5 —

K教英出版

K 教英出版

平成30年度

愛知高等学校入学試験問題

英　語

（45分）

注　意

1．問題は I ・ II ・ III です。

2．問題の内容についての質問には応じません。

　印刷のわからないところがある場合には、静かに手をあげて監督の先生の指示に従いなさい。

3．解答はすべて解答用紙に記入しなさい。

　氏名、受験番号を書き落とさないように注意し、解答し終わったら必ず裏がえして机の上に置きなさい。

4．解答用紙だけを提出し、問題用紙は持ち帰ってよろしい。

I

次の英文を読んで、以下の問いに答えなさい。

Do you have a pet? Can you understand your pet's feelings? Most pet *owners say their pets can communicate. They know when their cat is hungry, or when their dog wants to go for a walk. But, can animals use language? Animals can make many different sounds, but those sounds are different from the words that humans use. Then, what is human language?

Human language has two important parts, words and *grammar. Words are the names we give to everything. For example, **(1)** we call [on / grows / trees / a yellow fruit / a "banana" / that], but we call a red fruit an "apple." Everybody uses the same words, so we do not get *confused between apples and bananas. Grammar is the rules we use to make *sentences. We can use grammar and words together to say anything we are thinking.

Most animals, however, use sounds to show their feelings. If a cat is happy, it will *purr. If a dog is excited, it will *bark. These are not words. These are sounds that mean "happy" or "excited." When humans laugh or cry, they make sounds that are not words. **(2)** Researchers think that most animal sounds are like this.

What about monkeys? Can they use words? 35 years ago, researchers studied *vervet monkeys in Africa. They discovered that vervet monkeys make different sounds for different animals. For example, they make one sound when they see a *tiger, another sound for "*eagle," and another sound for "*snake." If a vervet monkey makes the sound for "tiger," the other monkeys will run up into the trees. If it makes the sound for "eagle," the other monkeys will look up at the [___**(3)**___] to find any eagle, and if it makes the sound for "snake," the other monkeys will look down at the ground.

Since then, researchers have found other examples, too. Monkeys, *gorillas, and even some birds, make (**A**) sounds for different things. But, are these animal sounds a language, like English or Japanese? Many researchers say animal sounds and human words are not (**B**). For one thing, human words are different in each language. For example, in English, a *furry animal with *whiskers is called a "cat." In Spanish, the same animal is called a "*gato*," and in [___**(4)**___], it is called a "*neko*." Also, human babies do not know words when they are born. They have to learn them from their parents, so babies in Japan learn (**C**) words from those that babies in America learn.

Animal "words" are different. For example, vervet monkeys in *Ethiopia use (**D**) sounds for eagles, tigers and snakes as vervet monkeys in South America, thousands of kilometers away. And, vervet monkeys know these sounds when they are born. They [___**(5)**___] learn them from their parents.

Also, **(6)** many animals can't choose to make a sound. If a vervet monkey sees a tiger, it will *automatically make the sound for "tiger." If there is no tiger, it will not make the sound for "tiger." Catherine Hobaiter, a researcher from England, found a similar result with chimpanzees. She watched chimpanzees to see how they communicate. One time, a *female chimpanzee wanted a piece of meat from a *male chimpanzee, but the male chimpanzee didn't give it to her. So, (**E**), and then (**F**). But, when (**G**), (**H**). The male chimpanzee woke up and *chased her away. This story shows that some animals may use "words" but it is not like the language that humans use.

owner 所有者　grammar 文法　confused 混乱した　sentence 文　purr（ネコが）のどをゴロゴロ鳴らす　bark ほえる　vervet monkey ベルベットモンキー（サルの一種）　tiger トラ　eagle ワシ　snake ヘビ　gorilla ゴリラ　furry 毛皮に覆われた　whisker（ネコなどの）ひげ　Ethiopia エチオピア　automatically 無意識に　female メスの　male オスの　chase ~ away ～を追い払う

問１．下線部(1) が「私たちは木になる黄色い果物を『バナナ』と呼びます。」という意味になるように[　　　]内の語句を並べ替えなさい。

問２．次の文が下線部(2) を具体的に説明する文になるように、空欄に入る最も適切な日本語を書きなさい。

大部分の動物は人間が笑ったり、泣いたりするときに出す音と同じように [　　　　　　　] を表す音を使うと研究者たちは考えている。

問３．[　　(3)　　] に入る最も適切な一語の英単語を書きなさい。

問４．[　　(4)　　] に入る最も適切な一語の英単語を本文中から抜き出して書きなさい。

問５．[　　(5)　　] に入る最も適切な語句を次から一つ選び、記号で答えなさい。

　　　ア　are going to　　イ　are able to　　ウ　don't have to　　エ　didn't need to

問６．下線部(6) の具体例として最も適切なものを次から一つ選び、記号で答えなさい。

　　　ア　人の赤ちゃんは生まれたときには話をすることができない。
　　　イ　犬は興奮したら思った以上にほえてしまい、コントロールできなくなる。
　　　ウ　ベルベットモンキーはトラがいないときは決してトラを表す音を出すことができない。
　　　エ　チンパンジーは肉を食べたいときに声を出すことができなくなる。

問7. (**A**)～(**D**)に入る語の組み合わせとして最も適切なものを次から一つ選び、記号で答えなさい。

 ア **A**: different **B**: the same **C**: the same **D**: different
 イ **A**: the same **B**: the same **C**: different **D**: different
 ウ **A**: different **B**: different **C**: the same **D**: the same
 エ **A**: different **B**: the same **C**: different **D**: the same

問8. (**E**)～(**H**)には次の各文のいずれかが入ります。(**H**)に入る最も適切なものを次から一つ選び、記号で答えなさい。

 ア she waited for the male chimpanzee to sleep
 イ she automatically made the sound for "food"
 ウ she walked over silently to take the meat
 エ she got near to the meat and smelled it

問9. この文のタイトルとして最も適切なものを次から一つ選び、記号で答えなさい。

 ア How do animals talk to each other?
 イ Have you ever seen any pet that uses language?
 ウ Can animals use language?
 エ Do we have to understand animal language?

（余白）

次の英文を読んで、以下の問いに答えなさい。

Each year, the population of the world grows by about 70 million people. If this continues, we will have 9 billion people by 2050. Right now, there are almost one billion people on earth who do not have enough to eat. What will happen by 2050? Where will we find enough food to *feed all the people on earth? One answer *might be *insects.

Actually, people *have been eating insects for thousands of years. Even today, around 2 billion people often eat insects. There are over 1,900 kinds of insects that people eat. The most popular ones are *beetles, *caterpillars, *bees, and ants.

Maybe eating insects sounds bad, but actually, there are pieces of insects in many of the foods we eat every day, like *beer, fruit juices, and curry powder. *Probably you have eaten many insects in your life, but you didn't know it!

What are the good points about eating insects? For one thing, eating insects is healthy. Insects *contain as much *protein, *vitamins, and *minerals as fish or chicken do. For example, crickets (*korogi* in Japanese) contain 205 *g/kg of protein, and beef contains 256 g/kg of protein. Some insects are 80% protein *by weight!

Another point is that eating insects is better for the environment than eating **livestock**, like *pigs and cows. Insects do not eat as much as cows. For example, crickets need around 2 kg of food to make 1 kg of meat, but cows need around 8 kg of food to make 1 kg of meat. So, crickets and other insects can be *raised even in cities, but cows need a lot of land and water.

Insects also have shorter *lifespans than farm animals, so they can be raised more quickly. They eat plants that people cannot eat, so feeding them is cheap, and you don't need expensive *equipment to raise them, so people in poor countries might raise insects to make money.

How do they taste? Are they good? In fact, many people think so. In Mexico, people *roast *grasshoppers in garlic and *chili and say they are very good. People say *stinkbugs, eaten across South East Asia, taste like apples. In China, they say *scorpions taste like fish, and *tarantulas in Cambodia taste like *crab or *shrimp.

Insects are eaten in Japan, too. Some people eat rice grasshoppers cooked in soy sauce (*inago no tsukudani*) as an afternoon snack. Actually, people have been eating insects in Japan for a long time. People in farming villages ate insects during the Edo period, and during World War II people ate insects all over Japan because there was not much food.

Today, some chefs and food *experts are *promoting insects as a delicious food of the future. They are healthy, environmentally friendly, easy to take care of, and can be grown in poor countries. As the population of the world continues to increase, you will see more and more insects in restaurants and supermarkets in your town.

	(?)
	cm

2	(1)	(2)	(3)
		(,)	

3	(1)	(2)
	通り	通り

4	(1)	(2)	(3)
			個

		問4			

問7		問8		問9	

	(3)	

	問4(1)	

```
···············  ···············  ···············  5
···············  ···············  ···············  10
···············  ···············  ···············  15
···············  ···············  ···············  20
···············  ···············  ···············  25
```

G
C

(2)●	▲	

) ( ) me.

) ( ) say anything.

英　語　　解　答　用

I	問1	we call			
	問2			問3	
	問5		問6		

II	問1		問2	
	問3	(1)		
		(4)		
	問4(2)	....		

III	A			
	B	(1)●		▲
	C	(1) This pen (		
		(2) They were (		

氏　　　名

受　験　番　号

【解答用

数 学 解 答 用 紙

受験番号 _____ 氏名 _____

1

(1)	(2)	(3)
		$a =$
(4)	(5)	(6)
	円	
(7)	(8)	(9)
		cm

feed（食べ物）を与える　might おそらく〜だろう　insect 虫　have been eating をずっと食べている
beetle カブトムシ　caterpillar イモムシ　bee ハチ　beer ビール　probably おそらく　contain を含む
protein タンパク質　vitamin ビタミン　mineral ミネラル　g/kg １キログラムあたり〜グラム
by weight 体重に対して　pig ブタ　raise を育てる　lifespan 寿命　equipment 設備　roast をあぶる
grasshopper バッタ　chili チリトウガラシ　stinkbug カメムシ　scorpion サソリ　tarantula タランチュラ
crab カニ　shrimp エビ　expert 専門家　promote を促進、推奨する

問１．本文の内容と一致するものを次から一つ選び、記号で答えなさい。

　　　ア　Actually, we eat insects in many kinds of foods without knowing it.
　　　イ　During World War II, people in Japan liked eating insects very much.
　　　ウ　Though insects are eaten all over the world, only a few people think they
　　　　　taste good.
　　　エ　It is better for your health to eat beef than crickets.
　　　オ　There are about 70 million people in the world now.

問２．本文中の二重下線部の語の意味を次のように説明しました。(　　)に入る一語
　　　の英単語を本文中から抜き出して書きなさい。

　　　livestock:（　　　）that are kept on a farm for meat or milk

問３．次の文は本文を要約したものです。(1) [　　]〜(5) [　　]に入る最も適切な英
　　　単語をそれぞれ一語ずつ書きなさい。ただし、それぞれの[　　] に与えら
　　　れた文字で始めること。

　As the population increases, the **(1)** [f　　] problem becomes serious.　Insects help
us to **(2)** [s　　] the problem.　Eating insects has some good points.　First, eating
insects is good for our **(3)** [h　　] because insects contain a lot of *nutrition.　Second,
we can grow insects quickly and easily, not only because the lifespan of insects is
shorter **(4)** [b　　] also because they eat plants that we cannot eat.　Some chefs try
to **(5)** [m　　] insect dishes delicious.　We can find the new menu in the restaurant
in the near future.

nutrition 栄養

問４．次の食べ物に関するあなた(You)と友達の会話を読んで、以下の問いに答えなさい。

Friend: I ate an *unusual food at the Chinese restaurant last Sunday.

　　You: What was it?

Friend: It was *fried frog. It was so good. Have you ever eaten it?

　　You: No, I haven't. What does it taste [　A　]?

Friend: It tastes [　A　] chicken. It is very popular in many Asian countries.
　　　　　Have you ever eaten any unusual foods?

　　You: No, never.

Friend: Then, what is your favorite food?

　　You: [　　　　　　　　　　　　B　　　　　　　　　　　　]

unusual めずらしい　　fried frog カエルのからあげ

(1) [　A　] に共通して入る一語の英単語を書きなさい。

(2) [　B　] に入るあなた自身の答えを英語で書きなさい。ただし、次の条件を満たすこと。

・favorite foodは一種類であること。

・文は二文以上になってもよい。文と文の間を空欄にしたり、改行したりしないこと。

・<u>15語以上25語以下</u>の英語で書くこと。ピリオド、コンマ、クエスチョンマークなどの記号は語数に数えない。

・解答用紙の<u>下線部に一語ずつ書くこと</u>。ピリオド、コンマ、クエスチョンマークなどの記号は下線部と下線部の間に書くこと。

┌─ 解答記入例 ─────────────────
│ <u>I</u>　　<u>have</u>　　<u>a</u>　　<u>dog</u> .　<u>I</u> ₅
│ <u>call</u>　　<u>it</u>　" <u>Hachi</u> "　<u>　　</u>　　<u>　　</u> ₁₀
└────────────────────────────

　（上の例では8語である。）

Ⅲ

A. 次の英文のうち、文法的に正しいものを三つ選び、記号で答えなさい。

ア Was the watch made of a Japanese man?
イ When someone come to see me, please tell him that I will come back soon.
ウ Ken is an old friend of his.
エ I have been interesting in science since I was a child.
オ This is the prettiest doll that I have ever seen.
カ Tell me who is that tall man.
キ I went on reading the book written by Soseki.
ク Please speak a little more slow.

B. 日本語の意味を表すように、次の単語を並べ替えたとき、(●) と (▲)に入る語（句）の記号をそれぞれ答えなさい。

(1) 君が探している本なら、教室の机の上で見たよ。
( )( )( )(●)( )( )( )(▲)( )( ) the classroom.
[ア the books イ the desk ウ looking エ you オ saw カ are キ on ク for ケ I コ in]

(2) 先生は僕に夕方、医者に診察してもらうように言った。
The teacher ( )(●)( )( )(▲)( ) evening.
[ア me イ to ウ see エ told オ that カ a doctor]

C. 次の英文がそれぞれ日本語の意味を表すように、( )に入る最も適切な英単語をそれぞれ一語ずつ書きなさい。

(1) このペンはもらったものです。This pen ( )( )( ) me.
(2) 彼らは何も言えないほど疲れていた。They were ( )( )( ) say anything.

Ⓚ教英出版

平成29年度

愛知高等学校入学試験問題

数　　学

(45分)

注　意

1. 問題は $\boxed{1}$ から $\boxed{4}$ まであります。

2. 問題の内容についての質問には応じません。

   印刷のわからないところがある場合には、静かに手をあげて監督の先生の指示に従いなさい。

3. 解答はすべて解答用紙に記入しなさい。

   氏名、受験番号を書き落とさないように注意し、解答し終わったら必ず裏がえして机の上に置きなさい。

4. 円周率 π、無理数 $\sqrt{2}$、$\sqrt{3}$ などは近似値を用いることなく、そのままで表し、有理化できる分数の分母は有理化し、最も簡単な形で答えなさい。

5. 答えが分数のときは、帯分数を用いず、真分数または仮分数で答えなさい。

6. 計算機を使用してはいけません。

7. 解答用紙だけを提出し、問題用紙は持ち帰ってよろしい。

$\boxed{1}$ 次の各問に答えなさい。

（1）方程式 $2^2 \times x - (-3)^2 = (-1)^{2017} + 4^2$ を解きなさい。

（2）$a = 8.4$，$b = 1.2$ のとき，式 $a^2 - 4ab + 4b^2$ の値を求めなさい。

（3）x と y は反比例の関係になっている。$x = 3$ のとき $y = 6$ である。$y = 12$ のときの x の値を求めなさい。

（4）2次方程式 $x^2 - ax + 2a = 0$ の解がただ1つになるとき，a の値をすべて求めなさい。

（5）2つのさいころ A，B を同時に投げるとき，A の出る目の数を a，B の出る目の数を b とする。このとき，式 $\sqrt{\dfrac{b}{a}}$ の値が有理数になる確率を求めなさい。

（6）10人のテストの点数データが
　　　　$6, 2, 7, 1, 4, 5, 9, 2, 10, 3$ （点）
である。このとき，データの中央値（メジアン）を求めなさい。

（7）濃度 a ％の食塩水 A と，濃度 b ％の食塩水 B がある。A と B を 2：1 の割合で混ぜたところ濃度 10 ％の食塩水 C ができた。さらに，B と C を 2：3 の割合で混ぜたところ濃度 8 ％の食塩水 D ができた。このとき，a, b の値をそれぞれ求めなさい。

（8）3桁の自然数のうちで，6，12，18 のどれで割っても 2 余る最小の自然数を求めなさい。

（9）右の図のように，AB を直径とする半円 O がある。
半円周上に点 C をとると，$\overset{\frown}{AC} : \overset{\frown}{CB} = 2 : 1$ となった。AB＝2 cm のとき，斜線部分の面積を求めなさい。

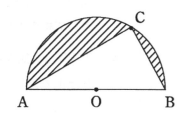

（10）右の図のように，AB＝13 cm，AC＝15 cm の三角形 ABC において，A から辺 BC に下ろした垂線を AH とすると AH＝12 cm である。この △ABC のすべての辺に接する円の半径 r cm を求めなさい。

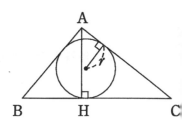

—1—

2 下の図のように，放物線 $y=x^2$ 上の 2 点 A，B の x 座標をそれぞれ $-\dfrac{1}{2}$，$\dfrac{7}{2}$ とする。

このとき，次の問に答えなさい。

（1） 2 点 A，B を通る直線の傾きを求めなさい。

（2） △OAB の面積を求めなさい。

（3） 点 P は放物線 $y=x^2$ 上にあり，点 O とは異なる点で x 座標は $-\dfrac{1}{2}$ と $\dfrac{7}{2}$ の間の値とする。△OAB の面積と △PAB の面積が等しくなるとき，点 P の x 座標を求めなさい。

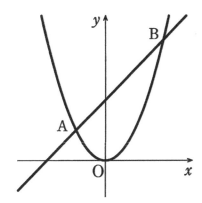

3 右の図のように，すべての辺の長さが2cmの正四角錐
O−ABCDがある。辺OC上にOE：EC＝3：1となる
点Eをとり，辺OB上にAP＋PEの長さが最も短くなる
ように点Pをとる。このとき，次の問に答えなさい。

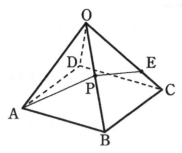

（1）AP：PEを最も簡単な整数比で答えなさい。

（2）AP＋PEの長さを求めなさい。

H29. 愛知高
K 教英出版

4 | n を自然数とするとき，1 から n までの自然数の積を $n!$ で表す。

　　　　（例）$3! = 1 \times 2 \times 3$
　　　　　　　$5! = 1 \times 2 \times 3 \times 4 \times 5$

このとき，次の問に答えなさい。

（1）$6!$ を $2^a \times 3^b \times 5$ の形に表すと a, b の値はそれぞれいくつになるか答えなさい。
　　　ただし，a, b は自然数とする。

（2）$25!$ を計算すると，末尾に 0 が連続していくつ並ぶか答えなさい。

（3）$n!$ を計算すると，末尾に 0 が連続して 15 個のみ並ぶような最大の自然数 n を求めなさい。

平成29年度

愛知高等学校入学試験問題

英　　語

(45分)

注　意

1. 問題は I ・ II です。

2. 問題の内容についての質問には応じません。

   印刷のわからないところがある場合には、静かに手をあげて監督の先生の指示に従いなさい。

3. 解答はすべて解答用紙に記入しなさい。

   氏名、受験番号を書き落とさないように注意し、解答し終わったら必ず裏がえして机の上に置きなさい。

4. 解答用紙だけを提出し、問題用紙は持ち帰ってよろしい。

A　次の英文を読んで，以下の設問に答えなさい。

On a busy city street in San Francisco in 1992, an interesting thing happened. It was Friday evening and people were driving home from work. A few riders on bicycles waited to cross the busy street. Soon many more riders joined them. Finally, there were hundreds of bicycle riders and they crossed the busy street together. Cars had to wait several minutes for all the bicycle riders to pass.　[　　1　　]　After the riders passed, the cars started moving again. The drivers did not know what happened. This was the first 'Critical Mass' ride in the United States.

A critical mass ride is a large group of people riding bicycles together. Their point is to teach drivers about bicycle safety. The idea of riding bicycles in the street in large groups started in China. In China, a lot of streets did not have traffic lights. It was dangerous for just one or two bicycle riders to cross the street because the cars did not see them or did not want to stop. So, the riders waited for other riders to come.　[　　2　　]　After many more riders came, they crossed the street together. The cars stopped and waited for them to pass. This idea is called, 'safety in numbers.' The same thing happens in the ocean. If (　　A　　), (　　B　　). However, if (　　C　　), the big fish doesn't know which to eat first, so (　　D　　).

Now, there are (　　E　　) bicycles in the world than ever before. Bicycles have become a more important way of transportation and millions of people ride bicycles. They are cheaper than cars, they don't use gas or make pollution, and they give us exercise. With a bicycle, we can go places much more quickly than walking.

Today's bicycles are easy to ride, but the earliest bicycles were not. The first bicycle was made in the 1800's. It had wheels, but it did not have pedals. The rider moved the bicycle by (　　F　　) his feet on the ground, so it was called the 'pushbike.' It was very heavy and very slow.

Then, in the 1850's and 60's French inventors changed the design of the bicycle. They made the front wheel larger and put pedals on it. The bicycle frame was made of heavy steel, and the wheels were made of wood and iron. This bicycle was called the 'boneshaker' because it shook the rider very hard. It was painful to ride!

In 1885, JK Starley made the first modern bicycle. The front and back wheels were the same size, and a chain was used to connect the pedals to the back wheel. It looked like the bicycles we ride today.　[　　3　　]　Starley's bicycle was better than the pushbike or the boneshaker, but it was still difficult to ride.

In the 1890's inventors made much better bicycles. They used better rubber for the wheels, and made better brakes. Bicycles became more popular, and soon people all over the world rode bicycles for sport or for play.

Bicycles also became a main way of transportation. This changed society in many ways. For example, before the bicycle, most women wore only long dresses. But they could not ride bicycles easily in dresses. So, many women started to wear pants. 　　4　　 This helped to make new towns.

Today's bicycles are much easier to ride than the early bicycles. They are comfortable and they can go very fast. Of course, many people also use cars now. Cars are easier to ride than bicycles, they go much faster, and they keep you out of the rain. But cars are also more dangerous. They make more noise and pollution. Imagine a city with only bicycles. There are no car accidents. (　G　) Everyone is healthy from riding bicycles everywhere. Isn't it nice?

The reality is that people do not want (　H　) their cars and many drivers do not respect bicycle riders. In big cities, it can be very dangerous to ride a bicycle. Many people die every year in bicycle and car accidents. This is one reason people ride in a critical mass. They want drivers to respect riders. They want drivers to be careful and to share the roads. They want everyone to understand that bicycles are still an important way of transportation.

rider （自転車に）乗る人　cross 横断する　pass 通り過ぎる　transportation 交通, 移動
gas ガソリン　pollution 汚染　exercise 運動　pedal ペダル　feet (footの複数形)
inventor 発明家　frame 骨組み　steel 鋼　iron 鉄　bone 骨　shake 揺らす
shook （shakeの過去形）　painful 痛い　modern 現代の　chain チェーン　connect つなぐ
rubber ゴム　brake ブレーキ　main 主要な　society 社会　comfortable 快適な　noise 騒音

設問1　次の質問の答えとして，本文の内容に合う最も適切なものを選び，番号で答えなさい。

(1) **Which one is NOT a good point of bicycles over cars?**
　　1 Bicycles make less noise than cars.
　　2 People who ride bicycles get more exercise.
　　3 Modern bicycles are easier to ride than cars.
　　4 Bicycles don't use gas or make pollution.

(2) **What does 'safety in numbers' mean?**
　　1 Riding bicycles is safer than driving in cars.
　　2 It is better to eat many fish than to eat one fish.
　　3 It is dangerous for many riders to cross the street together.
　　4 It is less dangerous to be part of a group.

設問2　'Critical Mass' ride をする理由について，本文の内容に<u>一致しないもの</u>を二つ選び，番号で答えなさい。

1　交通量が多く信号のない交差点を自転車で横断するのに１台では危険だから。
2　毎年，多くの自転車を利用する人が車との事故で亡くなっているから。
3　人々がより多く自転車を利用することによって，公害を減らすことができるから。
4　近年，自転車が主要な交通手段になっているから。
5　大人数で自転車に乗ることにより，自転車の安全を確保できるから。

設問3　本文中の空欄(　A　)〜(　D　)に入る文を次から選び，その組み合わせが正しいものの番号を答えなさい。A〜Dの順番に正しく並んでいるものを選び，答えなさい。

あ　one small fish is swimming alone
い　many fish swim together
う　a big fish can eat it easily
え　most of the fish will be safe

1　あいうえ　　2　いえあう　　3　えあいう　　4　あういえ　　5　ういえあ
6　いあえう　　7　えういあ　　8　あえいう　　9　うあいえ

設問4　本文中の空欄(　E　)(　F　)に入る最も適切な一語をそれぞれ答えなさい。

設問5　次の文が入る最も適切な箇所を，本文中の　1　〜　4　から選び，番号で答えなさい。

Also, more people moved to the country and used bicycles to go to their jobs in the cities.

設問6　本文中の空欄(　G　)に入る最も適切な文を次から選び，番号で答えなさい。

1　You have to bring an umbrella when you go out.
2　Everyone is going to buy a new bicycle.
3　More people will enjoy traveling by train, not by car.
4　There is no noise from cars and the air is clean.

設問7　本文中の空欄(　H　)に入る最も適切な語句を次から選び，番号で答えなさい。

1　to keep using　　2　keep to use　　3　keeping to use
4　to stop using　　5　stop to use　　6　to stop to using

	(10)
	$r =$ cm

2

(1)	(2)	(3)

3

(1)	(2)
:	cm

4

(1)	(2)	(3)
$a =$, $b =$	個	$n =$

問2		設問3			

	設問7		

	(3)		

		3	4	

		(3)		

	4番目	7番目	
2)			

氏　　　名

受 験 番 号

I	A	設問1	(1)		(2)	
		設問4	E			
		設問5		設問6		
	B	(1)		(2)		
	C	設問1		設問2		
		設問3	1		2	
		設問4	They were			

II	A	(1)		
		(4)		
	B			

			4番目	7番目
	C	(1)		

氏 名		受 験 番 号	

数 学　　解 答 用 紙

1

(1)	(2)	(3)
$x=$		$x=$
(4)	(5)	(6)
$a=$		
(7)	(8)	(9)

B 次の会話文の空欄には下の文が入ります。【 (1) 】～【 (3) 】にあてはまる文の番号を答えなさい。文はそれぞれ一度しか使いません。

<pre>
    Clerk: May I help you?
Mr. Jones: Yes. We're looking for an apartment.
    Clerk: What kind of apartment are you looking for?
Mr. Jones: The cheaper the better.
Mrs. Jones: Don't say that! 【   】
    Clerk: 【 (1) 】
Mrs. Jones: 【   】
    Clerk: Then, there are four. How about this one? You can walk to the
           station in ten minutes.
Mrs. Jones: 【   】
    Clerk: One.
Mr. Jones: Good!
Mrs. Jones: No way! 【 (2) 】
    Clerk: OK. How much do you want to pay?
Mr. Jones: 【   】
    Clerk: How about this one? There are two bedrooms.
Mr. Jones: I would like to see it.
Mrs. Jones: 【   】
    Clerk: 【 (3) 】 Look at the big living room.
Mrs. Jones: Is there anything newer? A twenty-minute walk would be OK.
    Clerk: Then, how about this one? It's brand-new. And there are three
           bedrooms in it.
Mrs. Jones: I like it! We would like to see it. Let's go!
</pre>

clerk 店員 The cheaper the better. 安ければ安いほどいい。 No way! とんでもない。
pay 支払う brand-new 新築の

1 How many bedrooms are there in the apartment?
2 How old is it?
3 How long do you want to walk?
4 Are there any apartments near the station?
5 About fifteen minutes.
6 About fifteen years old.
7 Two hundred dollars a week.
8 We need two bedrooms.

C 次の英文を読んで，以下の設問に答えなさい。

（本文）

Long ago, people did not use money. How did they get the things they wanted? They gave things to others and got the things they wanted. For example, salt was very important to people because they used it to keep food fresh. Of course, the food tasted better with salt. People traded salt for other things they needed, like shoes, tools, and food. This kind of trading is called 'bartering.'

Bartering does not always work well. People need (A) things at (B) times. For example, if a shoe maker wants some rice, he can visit a rice farmer. But the rice farmer may not need new shoes. If the rice farmer does not want new shoes, then the shoe maker cannot get the thing he needs.

Later, people stopped bartering and started using beautiful things for trade. They are called proto-money. Proto means 'earliest,' so it was the earliest kind of money. Some examples of proto-money are shells, animal skins and metal. For example, the Native Americans used a kind of shell as money. They called it 'wampum.' They wore the wampum around their necks. Another popular shell was the cowrie shell. The cowrie shells came from the Indian Ocean and were white and very beautiful. They were used as money in many countries, from China to Africa.

The Egyptians used gold and silver as money. And then, some countries started making metal coins. The first metal coins were made in Turkey almost three thousand years ago. They used special tools to make pictures on the metal. Later, people started using coins in Africa and Europe. Soon coins became the most popular kind of money in the world.

At first, coins had pictures of animals and plants on them. Alexander the Great was the first person to have his face on a coin. Alexander the Great lived more than two thousand years ago in Macedonia. He was a king who fought and won many battles. His coins were used by everyone in Macedonia.

The problem with coins was that they were not light enough to carry for a long time. The Chinese first started using paper money more than one thousand years ago. Paper money was easier to carry than coins because it was lighter. Much later, Europe started to use paper money, too. If the money became too dirty, they could trade their old money for new money. They could also trade their paper money for gold or silver.

Today, we still have paper money and coins, but many people also use credit cards to buy things. When you use a credit card at stores, the card company pays the money instead, and you have to pay it back at the end of the month. Because it is very easy to spend money with credit cards, some people spend too much money and cannot pay it back. People who use paper money and coins spend less.

Money has changed a lot since the early days of bartering. Already, in some countries, you can buy things with your smart phones. What do you think will happen to money in the future? Do you think people in the future will still use paper money and coins?

fresh 新鮮な　trade 取引する，取引　shell 貝殻　skin 皮　metal 金属
Native American アメリカ先住民　cowrie コヤス貝　the Indian Ocean インド洋
Egyptian エジプト人　silver 銀　Turkey トルコ　Alexander the Great アレクサンダー大王
Macedonia マケドニア王国　king 王様　battle 戦い　credit card クレジットカード

設問1　本文中の(　A　)(　B　)に入る最も適切な語の組み合わせを次から
　　　　選び，番号で答えなさい。

　　　　1　A: the same B: different　　　**2**　A: different B: the same
　　　　3　A: the same B: the same　　　**4**　A: different B: different

設問2　次の英文のうち，<u>本文の内容と一致する文の数</u>を算用数字で答えなさい。
　　　　一致する文がない場合は，0と答えること。

　　　　1　The person who used coins first was Alexander the Great.
　　　　2　Chinese people started using the cowrie shells as money about one
　　　　　　thousand years ago.
　　　　3　People who use credit cards sometimes spend too much money.
　　　　4　People today like using gold and silver coins the most.
　　　　5　'Wampum' was the first money people used in Africa.
　　　　6　Salt was so important to people long ago that they could always
　　　　　　trade it for other food.
　　　　7　In the old days, people used animal skins and shells to get the
　　　　　　things they wanted.

設問3　本文の内容を次のようにまとめました。(　1　)～(　4　)には<u>それぞれ英語が
　　　　一語ずつ入ります</u>。本文の内容に合うように，最も適切な<u>一語</u>を答えなさい。
　　　　(それ以外の空欄には複数の語が入ることもあります。)
　　（要約文）
　　A long time ago, people didn't have (　　) and they exchanged things with
other people; it is called (　　). (　　) began using money made of (　1　).
Their money looked like necklaces.　Later, people in Turkey made (　　) and
there were some (　2　) on them.　Chinese people first made (　　) <u>because
coins had a problem</u>.　Then, (　　) started using this kind of money.
　　Money we use today is (　3　) from the old money.　If you have credit cards,
you can do shopping (　4　) paper money or coins.　In some countries, smart
phones are used when people buy things.　　Money may change in the future.

exchange 交換する　necklace ネックレス

設問4　要約文の下線部について，下の質問に対する答えを本文の内容から考え，次
　　　　の書き出しに続けて完成させなさい。ただし、<u>五語以上の英語で，tooを必
　　　　ず使うこと</u>。書き出しの語は語数には含めません。

　　　　Q: What was the problem with the coins?
　　　　A: They were ［　　　　　　　　　　　　　　　　］.

— 6 —

Ⅱ

A　次の各組の文がほぼ同じ意味になるように，空欄に入る最も適切な一語を答えなさい。

(1) My father went to the hotel by car last night.
My father (　　) to the hotel last night.
(2) There are more people living in Tokyo than in Nagoya.
Tokyo has a larger (　　) than Nagoya.
(3) Why was he so angry last night?
What (　　) him so angry last night?
(4) It's a long time since I saw you last.
I (　　) seen you for a long time.
(5) The book was too difficult for anybody in my class to understand.
The book was so difficult that (　　) in my class could understand it.

B　次の英文のうち語法的に正しいものを三つ選び，番号で答えなさい。

1　Mr. Tanaka said the class to open their textbooks.
2　My father will come back home from a business trip in a few days.
3　Do you know how old is his cousin?
4　The story is famous and read all over the world.
5　What were you looking at the gate?
6　We've already talked about the story three days ago.
7　It is not easily to make this room warm.
8　Would you like to come for dinner on Friday night?

C　日本語の意味に合うように次の語（句）を並べかえた時，4番目と7番目に来る語（句）の番号を答えなさい。文頭に来る語も小文字から始まっています。

(1) 外国で暮らすことによって，彼らはさまざまな人とコミュニケーションをとることを学んだ。

[1 in　2 taught　3 how　4 living　5 them　6 with
　7 a foreign country　8 communicate　9 to　] different people.

(2) あとで彼に電話をしましょうか。

[1 call　2 to　3 do　4 you　5 me　6 want　7 him　] later?

平成28年度

愛知高等学校入学試験問題

数　　　学

(45分)

注　意

1. 問題は $\boxed{1}$ から $\boxed{4}$ まであります。

2. 問題の内容についての質問には応じません。

   印刷のわからないところがある場合には、静かに手をあげて監督の先生の指示に従いなさい。

3. 解答はすべて解答用紙に記入しなさい。

   氏名、受験番号を書き落とさないように注意し、解答し終わったら必ず裏がえして机の上に置きなさい。

4. 円周率 π、無理数 $\sqrt{2}$、$\sqrt{3}$ などは近似値を用いることなく、そのままで表し、有理化できる分数の分母は有理化し、最も簡単な形で答えなさい。

5. 答えが分数のときは、帯分数を用いず、真分数または仮分数で答えなさい。

6. 計算機を使用してはいけません。

7. 解答用紙だけを提出し、問題用紙は持ち帰ってよろしい。

$\boxed{1}$ 次の各問に答えなさい。

(1) $8 \div (-2^4) - 2\{(0.5)^2 - 1\}$ を計算しなさい。

(2) 連立方程式 $\begin{cases} 3x - 2y - 5 = 0 \\ (2x+1) : 3 = y : 2 \end{cases}$ を解きなさい。

(3) 関数 $y = ax^2$ について，x の変域が $-5 \leqq x \leqq 4$ のとき，y の変域が $-10 \leqq y \leqq 0$ であった。このとき，a の値を求めなさい。

(4) $\dfrac{n}{180}$ が既約分数であるとき，$\dfrac{1}{5} < \dfrac{n}{180} < \dfrac{1}{4}$ を満たす整数 n をすべて求めなさい。

(5) 次の数の中から，無理数をすべて選びなさい。

$$0, \quad -1, \quad \sqrt{7}, \quad -\sqrt{81}, \quad \pi, \quad -\frac{2}{\sqrt{2}}, \quad \sqrt{0.09}, \quad \frac{2}{3}$$

(6) x についての2次方程式 $x^2 + (a-2)x + b = 0$ の解が 1 と -3 であるとき，x についての2次方程式 $x^2 + 2ax - 4b = 0$ を解きなさい。

(7) 10 から 59 までの数字が書かれた 50 枚のカードが入った袋から 1 枚を取り出すとき，取り出す数字が 3 の倍数である確率を求めなさい。

(8) 入場料が，幼児 150 円，小人 250 円，大人 450 円の博物館において，ある 1 日の全入場者数は 1080 人であった。大人の入場者数は小人の入場者数の 1.5 倍であり，また，入場料の合計が 360000 円のとき，幼児の入場者数を求めなさい。

(9) 右の図のように，1 辺の長さが 4 の正方形 ABCD がある。辺 AB 上を，A から B まで動く点を P，辺 AD の中点を Q とするとき，PQ ＋ PC の最小値を求めなさい。

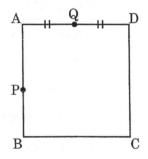

(10) 右の図のように，円周上の 2 点 A，B を通る直線と，点 T における接線との交点を P とする。PT ＝ 6，AP ＝ 2，∠APT ＝ 60°のとき，△ABT の面積を求めなさい。

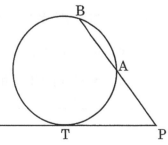

2 右の図のように，関数 $y = \dfrac{1}{4}x^2$ のグラフ上に
点 A，B があり，x 座標はそれぞれ -6，2 である。
このとき，次の問に答えなさい。

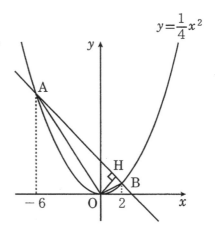

（1） 2点 A，B を通る直線の式を求めなさい。

（2） △OAB の面積を求めなさい。

（3） O から直線 AB へ下ろした垂線 OH の長さを
　　　求めなさい。

3 　自然数a，bについて，条件「aとbの最小公倍数が３６」を(＊)とする。
　　このとき，次の問に答えなさい。

（1）　$a = 9$ のとき，条件(＊)を満たすbをすべて求めなさい。

（2）　条件(＊)を満たすa，bの組のうち，$a < b$を満たし $\dfrac{b}{a}$ が整数にならない組は
　　　何組あるか求めなさい。

H28. 愛知高
K 教英出版

4 | 3つの直線 $y = \dfrac{1}{2}x$ …①, $y = 2x + 4$ …②, $x = n$ …③ に対して, ①と③の交点をP,
②と③の交点を Q, ②と y 軸の交点を R とする。このとき, 次の問に答えなさい。
ただし, n は 0 以上の整数とする。

(1) $n = 4$ のとき, 線分 PQ 上にあり, x 座標, y 座標の値がともに整数である点の
個数を求めなさい。

(2) 線分 PQ 上にあり, x 座標, y 座標の値がともに整数である点が 6 3 個あるとき,
n の値を求めなさい。

(3) $n = 1 0$ のとき, 四角形 OPQR の周上または内部にある点で, x 座標, y 座標の
値がともに整数である点の個数を求めなさい。

平成28年度

愛知高等学校入学試験問題

英　語

（45分）

─ 注　意 ─

1．問題は Ⅰ から Ⅴ まであります。

2．問題の内容についての質問には応じません。

　　印刷のわからないところがある場合には、静かに手をあげて監督の先生の指

　　示に従いなさい。

3．解答はすべて解答用紙に記入しなさい。

　　氏名、受験番号を書き落とさないように注意し、解答し終わったら必ず裏が

　　えして机の上に置きなさい。

4．解答用紙だけを提出し、問題用紙は持ち帰ってよろしい。

次の英文を読んで，後の設問に答えなさい。

There are many ways to learn about a foreign country. You can learn about it in school or by reading a book, or you may talk to a friend who has been to that country. The Internet is another way to learn about foreign countries and cultures. The Internet has millions of *websites with information about other countries. However, some of the information we get is not *correct, or not *complete. Often places are different from *what we imagined. I was interested in this idea, so I asked some of my foreign friends in Japan to tell me the differences they noticed after they came to Japan. Their answers were interesting.

One of my friends is from Australia. He said that Japanese classes were very popular in Australia, and that he learned a lot about Japan when he was still in high school. For example, he learned that Japan was a very *technologically advanced country, and he imagined that everyone in Japan had the newest computers. So, when he first got to Japan, he visited a computer store. He saw many new models that he could not find in Australia. However, at the Japanese high school he worked for, he was surprised to find that many teachers had old computers and that they didn't use the newest products, like electronic blackboards. He also heard that students in Japan studied English for *at least six years, so he imagined that everyone was good at it, but actually only a few of his students could speak it very well.

Another friend, from London, first lived in Kyoto for two years. She loved all the beautiful temples, shrines and gardens in Kyoto, and felt very *comfortable there. She imagined that every city in Japan looked like Kyoto, so she was surprised when she later moved to Tokyo. To her, Tokyo seemed very *noisy and *smoggy. She didn't like taking the *over-crowded trains, or looking out of the window at the *gray buildings and gray sky.

My Turkish friend grew up in Japan. She moved to Turkey when she was twelve years old, and then returned when she was twenty-one. The thing that surprised her most was the change of the *role of women in Japan in nine years. When she was a child in Japan, she felt that only a few women had jobs and that the women did all of the *housework, but when she returned to Japan, she was happy to see that many Japanese women had jobs and shared the housework with their husbands. And, at her university job, she felt that men and women were *treated the same. She thought that this was a *positive change for Japan.

*Sadly, my German friend didn't have such a positive experience. Before moving to Japan, she loved everything about Japanese culture. She loved watching *anime* and reading *manga*. She imagined that all Japanese people were kind and friendly. So she decided to come to Japan and began to study Japanese. She was able to *communicate well when she came here. However, she was unlucky in her first job. She worked at a very traditional Japanese company and the workers in the office didn't *trust her with important jobs.

They asked her to do simple jobs. She only *served tea and *made copies.
They didn't talk to her and she felt lonely and *disappointed. After a year,
she moved back to Germany.

Most of us have some ideas about other countries that are not correct.
Sometimes we are happy to find that things are better than our *image, and
sometimes we are disappointed if they are worse. I wonder what you have
heard about my country, America. *Probably some of it is true, and some of
it is not true. Learning about a foreign country in school or by *searching the
Internet is great. There is a lot of information, and you can learn a lot about
the world without leaving your mother country. Websites not only give us
ideas for where to visit and what to bring to the country, but they also give
us advice about what we should do and what we should not do in a foreign
country. However, everyone who visits a foreign country has a different
experience and notices different things, so people's opinions may be different.
If you have a chance to visit a foreign country, doing *research about that
country before you go is a good idea. Just remember that it will probably not
be *exactly like you imagine it, and <u>no teacher is better than *personal
experience.</u>

(注)　website　ウェブサイト(ホームページ)　　correct　正しい　　complete　完全な
　　　　what we imagined　私たちが想像していたもの
　　　　technologically advanced　技術的に進歩した　　at least　少なくとも
　　　　comfortable　快適な　　noisy　騒がしい　　smoggy　スモッグ(煙霧)のかかった
　　　　over-crowded　超満員の　　gray　灰色の　　role　役割　　housework　家事
　　　　treat　〜を扱う　　positive change　前向きな変化　　sadly　悲しいことに
　　　　communicate　communication(名詞)の動詞形
　　　　trust 〜 with…　〜を信頼して…を任せる　　serve tea　お茶を出す
　　　　make a copy　コピーをする　　disappointed　失望した　　image　イメージ
　　　　probably　おそらく　　search the Internet　インターネットで探す
　　　　research　調査　　exactly like〜　厳密に〜したとおりに　　personal　個人の

問１．日本に対する印象が前と比べて，後の方が良かった人物はどこの国の出身の人
　　　ですか。国名を一つ，<u>日本語</u>で答えなさい。

問２．次の各質問に対して，本文の内容と合うものを一つずつ選び，記号で答えなさ
　　　い。

　　(1)　What did the Australian man think after he came to Japan?

　　　　ア　He thought Japan was not as technologically advanced as Australia.
　　　　イ　He thought Japanese students were advanced in English thanks to
　　　　　　computers.
　　　　ウ　He thought Japan had advanced technology, but many teachers were
　　　　　　not using it.
　　　　エ　He thought computer stores in Japan had old models that weren't
　　　　　　found in Australia.

(2) Which sentence is true about the Turkish woman?

 ア She felt sad because nothing changed in nine years in Japan.
 イ She was happy that men and women were more equal when she came back to Japan.
 ウ She thought that Japanese women should stay home and take care of their children.
 エ She liked Japan better when she was twelve years old.

(3) Why did the German woman have a bad experience in Japan?

 ア Because her job was not interesting and the people in the company were not friendly.
 イ Because she couldn't watch *anime* or read *manga* in Japan.
 ウ Because she didn't understand Japanese and couldn't communicate with the workers.
 エ Because she couldn't find any jobs and had to go back to Germany.

(4) Which opinion about the Internet is **NOT** true?

 ア The Internet has a lot of information about other countries, but sometimes the information is not true.
 イ We cannot learn everything about a country only by doing research on the Internet.
 ウ We should not use the Internet for research because our personal experience is more important.
 エ Some Internet websites give us information about where to go and what to do in a foreign country.

問３．本文中の下線部で，伝えたい内容の説明として最も適切なものを一つ選び，記号で答えなさい。

 ア 自分でいくら経験を積んだとしても，学校の先生に勝るものはない。
 イ インターネットで調べることほど，自分で体験することに勝るものはない。
 ウ 自分で経験することも大切であるが，人に教えてもらうことのほうが大切である。
 エ 自分で経験を積んだ学校の先生ほど，良い手本になるものはない。
 オ 自分で経験することこそが，最も大切なことである。

次の英文を読んで，後の設問に答えなさい。

Everyone knows that British people love tea. They drink tea from early morning to late evening. They say that a British person drinks nine *pounds of tea in a year. It's a lot of tea, but the Chinese drink even more. In fact, the *custom of drinking tea was started in China. *Europeans first drank tea about 300 years ago, but the *legend says that tea was first *discovered by the *Chinese ruler Shen Nong over 4,500 years ago, when *tea leaves *accidentally fell into his hot water pot! At first, tea was used as *medicine, but later people enjoyed it as a *relaxing drink.

Tea first came to Britain from China in 1657. [①] The poor people drank *gin, not tea. It is a kind of *alcohol. So, many poor people got *drunk, even in the *daytime.

In the 19th century, India and Sri Lanka started to *cultivate tea, too. When the British discovered tea trees growing in India and Sri Lanka, they decided to make tea farms in those countries. Then, they didn't have to buy all of their tea from China. After that, the price of tea in Britain became cheaper. [②]

There are two main kinds of tea, green tea and black tea. To make green tea, the *fermentation *process is stopped early, and the tea leaves are still green. When they make (あ) tea, the leaves are *dried in the sun. After the leaves are dried, they *are covered with a *wet cloth. This process makes the leaves black. So, green tea and black tea are actually made (A) leaves which come from the same kind of tree. The process makes them (い).

[③] "English tea" is made by *adding milk to very strong tea. The Chinese like to drink very hot tea, but British people do not, so they usually add cold milk to *cool it down. They never drink tea with hot milk. Some people also like to put one or two *lumps of sugar in their tea.

[④] Most families have an *electric machine called a "teas-made." Before they go to bed, they put tea and water into the machine and set the *alarm for the time that they want to *wake up. Then, when they wake up in the morning, their tea will be ready. Many British people say that they cannot enjoy the *rest of their day (B) "morning tea."

(注)　pound　ポンド(重量の単位：1ポンド＝約454g)　custom　習慣
European　ヨーロッパ人　legend　言い伝え　discover　～を発見する
Chinese ruler Shen Nong　神農(中国古代の統治者)　tea leaves　茶葉
accidentally　偶然に　medicine　薬　relaxing　気分をゆったりさせる
gin　ジン(お酒の一種)　alcohol　アルコール　drunk　酔っ払った
daytime　昼間　cultivate　～を栽培する　fermentation　発酵
process　過程　dry　～を乾燥させる　be covered with　～で覆われている
wet cloth　濡れ布　add　～を加える　cool　～を冷ます
lump(s) of sugar　角砂糖　electric machine　電化製品　alarm　目覚まし時計
wake up　目が覚める　rest　残り

問１．空所(あ)に入る最も適切な英単語を一つ，同じ段落の中から抜き出して答えなさい。

問２．空所(A)(B)に入れるのに最も適切なものを下から一つずつ選び，記号で答えなさい。ただし，それぞれの単語は一回しか使用できません。

　　　ア after　　イ by　　ウ for　　エ from　　オ in　　カ without

問３．空所(い)に入る最も適切な語を，下から一つ選んで書きなさい。

　　　〔 dangerous　　different　　same　　strange 〕

問４．　①　～　④　にはそれぞれ下のア～エのいずれかが入ります。
　　　　②　・　③　に入る英文として最も適切なものをそれぞれ一つずつ選び，記号で答えなさい。

　　　ア　In Britain, they have a different way of making tea.
　　　イ　It was very expensive at first, and only rich people drank it.
　　　ウ　In fact, tea became so cheap that even poor people could enjoy it.
　　　エ　Though British people may drink tea at any time of the day, probably the most popular time to drink tea is in the early morning.

問５．本文の内容と合うものを下の英文から一つ選び，記号で答えなさい。

　　　ア　The Chinese started enjoying tea over 4,500 years ago, and then gave it to England to use as medicine.
　　　イ　British people like to add very hot milk and two lumps of sugar to their tea.
　　　ウ　Green tea comes from trees in China, but black tea comes from trees in England.
　　　エ　In Britain in the 17th century, the poor people didn't drink tea, but they drank gin.
　　　オ　The British stopped growing tea in India and Sri Lanka because it was cheaper to buy it from China.

2	(1)	(2)	(3)
			OH $=$

3	(1)	(2)
	$b =$	組

4	(1)	(2)	(3)
	個	$n =$	個

(3)		(4)		問3	

問3		問4	②	③	問5	

問5	(	) (	)

	問7	

8番目		(3)	4番目	8番目

※100点満点
(配点非公表)

英　語　　解　答　用　紙

| Ⅰ | 問1 | | 問2 | (1) | |

| Ⅱ | 問1 | | 問2 | A | |

| Ⅲ | 問1 | | 問2 | | 問3 | | 問4 |

| | 問6 | | |

| Ⅳ | | | | |

| Ⅴ | (1) | 4番目 | 8番目 | (2) |

氏　　　名

受　験　番　号

受験番号　　　　　　　　　　氏　名

数　学　　解　答　用　紙

1

(1)		(2)	$x=$ ，$y=$	(3)	$a=$
(4)		(5)		(6)	$x=$
(7)		(8)	人	(9)	

次の対話文を読んで, 後の設問に答えなさい。

Yuko : Ms. Davis, I'm going to stay with a host family in Brisbane, Australia.

Ms. Davis : That's nice.

Yuko : Do you think my English is good enough? I'm afraid I won't be able to make friends there during my stay.

Ms. Davis : Oh, don't worry about that. Your English is fine. If you just *remember to make *eye contact and smile, you will be able to make friends there!

Yuko : OK.

Ms. Davis : Also, remember to say "Yes" and "No" clearly. If (①), they will *misunderstand you.

Yuko : All right, I'll try. Is there anything else?

Ms. Davis : Yes. You should ask lots of questions. If you need help with something, or want to know how to use something, your host family can help you if you ask them for help.

Yuko : Oh, I see!

Ms. Davis : Also, in Brisbane people *try not to use too much water because there is a *water shortage. Your host family probably won't have a *bath tub, and you should try to keep your showers under five minutes. If (②), your host parents will worry about wasting water.

Yuko : Under five minutes?

Ms. Davis : You'll soon be able to do (③). You should practice taking shorter showers before you (④). You will find out that five minutes is enough time. In Japan, we have plenty of water and it's cheap, but in many parts of the world water is *precious, so we should learn to use it carefully.

Yuko : Yeah, (⑤) before, but I see what you mean. Anything else?

Ms. Davis : (⑥) take pictures and videos of your life in Japan to take with you? They will help you a lot when you explain things about Japan, and give you something to talk about with your host family.

Yuko : That sounds great!

Ms. Davis : ⑦ I'm sure you will ( ) ( ) there. Traveling abroad and knowing the people and their culture is ⑧[forget / experience / never / that / will / an / you].

Yuko : Thanks for all the advice, Ms. Davis!

Ms. Davis : You're welcome.

(注) remember to〜 忘れずに〜する　　eye contact　アイコンタクト
misunderstand〜　〜を誤解する　　try not to〜　〜しないように努める
water shortage　水不足　　bath tub　浴槽　　precious　貴重な

問1. 空所 (①)・(②)・(③) には，それぞれ下の〔　　〕の中のいずれかが入ります。最も適切な組み合わせを下から一つ選び，記号で答えなさい。

〔　it　　　not　　　so　　　you　〕

ア　①－it　②－you　③－so　　イ　①－so　②－you　③－it
ウ　①－not　②－not　③－so　　エ　①－not　②－so　③－it

問2. 空所 (④) に入る最も適切な語を下から一つ選び，記号で答えなさい。

ア　leave　　　　イ　to leave　　　ウ　will leave　　　エ　left

問3. 空所 (⑤) に入る最も適切な語句を下から一つ選び，記号で答えなさい。

ア　I haven't taught it　　　　イ　I haven't bought it
ウ　I haven't fought with it　　エ　I haven't thought about it

問4. 空所 (⑥) に入る最も適切な語句を下から一つ選び，記号で答えなさい。

ア　Which will you　　　　イ　What do you
ウ　Why don't you　　　　エ　How about

問5. 下線部⑦が，「きっとそこでの滞在を楽しめると思います。」という意味になるように，空所に入る適切な語を答えなさい。

問6. 下線部⑧の[　　]内の語を，本文の内容に合うように並べかえなさい。

問7. 次の英語の質問に対する答えとして最も適切なものを下から一つ選び，記号で答えなさい。

What advice does Ms. Davis give to Yuko?

ア　Yuko must study English much more and she should learn to make eye contact and smile.
イ　Yuko should try to take a bath slowly instead of taking a shower under five minutes.
ウ　Yuko should say "Yes" or "No," and she should help her host family if she has troubles.
エ　Yuko should learn to take short showers, bring pictures from Japan, and ask her host family questions.
オ　Yuko should ask for help often, say "No" to short showers, and try not to smile too much.

Ⅳ　下のア〜コのうち，文法的に<u>正しい英文を三つ</u>選び，記号で答えなさい。

ア　He said them to go there at once.
イ　The lady I helped at the station was much older than my mother.
ウ　She was having dinner when I have visited her.
エ　You are necessary to do your best.
オ　It's as cold today as yesterday.
カ　Why do you study English for?
キ　If you need a dictionary, I will buy it to you.
ク　This is the apple pie that my grandmother was made for my sister.
ケ　It has passed three years since I moved to Nagoya.
コ　How many teachers came to the meeting this morning?

Ⅴ　次の日本語の意味に合うように，〔　〕内の語(句)を並べかえて適切な文を作るとき，〔　〕内の4番目と8番目に来る語(句)の記号を答えなさい。ただし，文頭に来る語(句)の最初の文字も小文字にしてあります。

(1)　僕はこんなに素敵な絵を見たことがない。

〔ア never　イ picture　ウ this　エ seen　オ have　カ nicer
キ than　ク a　ケ I 〕before.

(2)　彼の辞書を引けば，私たちの知らないその単語の意味が分かるでしょう。

〔ア the meaning　イ the word　ウ know　エ dictionary　オ of
カ we　キ will　ク his　ケ us　コ tell　サ don't 〕.

(3)　あなたが探している図書館は，この病院の近くにあります。

The 〔ア library　イ that　ウ this　エ looking　オ is　カ are
キ near　ク for　ケ you 〕hospital.

平成27年度

愛知高等学校入学試験問題

数　学

（45分）

注　意

1．問題は ① から ④ まであります。

2．問題の内容についての質問には応じません。

印刷のわからないところがある場合には、静かに手をあげて監督の先生の

指示に従いなさい。

3．解答はすべて解答用紙に記入しなさい。

氏名、受験番号を書き落とさないように注意し、解答し終わったら必ず裏が

えして机の上に置きなさい。

4．円周率 π、無理数 $\sqrt{2}$、$\sqrt{3}$ などは近似値を用いることなく、そのままで表し、

有理化できる分数の分母は有理化し、最も簡単な形で答えなさい。

5．答えが分数のときは、帯分数を用いず、真分数または仮分数で答えなさい。

6．計算機を使用してはいけません。

7．解答用紙だけを提出し、問題用紙は持ち帰ってよろしい。

$\boxed{1}$ 次の問に答えなさい。

（1） $(-x^2y)^3 \div (2x^3y)^2 \times (-6xy)$ を計算しなさい。

（2） $\sqrt{27} - \dfrac{27}{\sqrt{3}} + \sqrt{108}$ を計算しなさい。

（3） $a = 6.75$, $b = 3.25$ のとき, $a^2 - b^2$ の値を求めなさい。

（4） $2(x-1)^2 - (x+5)(x-2)$ を因数分解しなさい。

（5） 2つの数 $\dfrac{21}{20}$, $\dfrac{24}{25}$ のそれぞれに, ある有理数 Q をかけると, その値が自然数となる。このとき, 有理数 Q のうち最小のものを求めなさい。

（6） 関数 $y = -2x^2$ について, x の値が 2 から a まで増加するときの変化の割合が -14 であるとき, a の値を求めなさい。

（7） 右の図で $\angle x$ の大きさは何度か答えなさい。

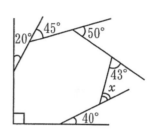

（8） $\dfrac{1}{1} \times \dfrac{1}{2} + \dfrac{1}{2} \times \dfrac{1}{3} + \dfrac{1}{3} \times \dfrac{1}{4} + \dfrac{1}{4} \times \dfrac{1}{5} + \dfrac{1}{5} \times \dfrac{1}{6} + \dfrac{1}{6} \times \dfrac{1}{7}$ を計算しなさい。

（9） 右の図において, 半径 4 cm の円に $\triangle$ABC が内接している。斜線部分の面積は何 cm² か求めなさい。ただし, 円周率は π とする。

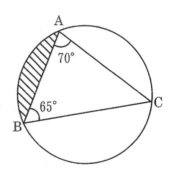

（10） 右の図のように, $\triangle$ABC の各頂点は辺 BC を直径とする円 O の周上にある。また, 頂点 A から辺 BC に垂線 AH をひく。AB = 3 cm, AC = 4 cm のとき, OH の長さは何 cm か求めなさい。

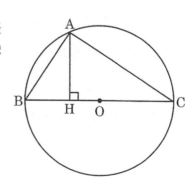

— 1 —

2 下の図のように，AB＝BC＝CD となる等脚台形 ABCD の頂点 A, B, C, D が放物線 $y＝ax^2$ 上にあり，点 C $(\sqrt{3}, 1)$，∠ADC＝60° である。このとき，次の問に答えなさい。

(1) a の値を求めなさい。

(2) 点 D の座標を求めなさい。

(3) $y＝ax^2$ 上に点 P をとる。△BCP の面積と台形 ABCD の面積が等しいとき，点 P の座標を求めなさい。ただし，点 P の x 座標は正とする。

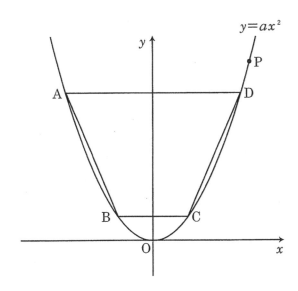

3 　濃度 5 ％の食塩水 100 g が入っている容器がある。この容器から x g の食塩水を取り出し，残りの食塩水に x g の水を入れてよくかき混ぜた。さらに，$2x$ g の食塩水を取り出し，残りの食塩水に $2x$ g の水を入れてよくかき混ぜたところ，食塩水の濃度は 2.4 ％になった。このとき，次の問に答えなさい。

（1）容器から x g の食塩水を取り出したとき，残りの食塩水に含まれる食塩の量を，x を用いて表しなさい。

（2）x の値を求めなさい。

H27. 愛知高
K 教英出版

4 Aの袋には 0, 1, 2, 3, 4, 6 の 6 枚, Bの袋には 0, 3, 4, 6, 8, 12 の 6 枚のカードが

入っている。Aの袋からカードを 1 枚ひき, そのカードにかかれている数を a, Bの袋から

カードを 1 枚ひき, そのカードにかかれている数を b として, 2 次方程式 $x^2+ax-b=0$

を考える。このとき, 次の問に答えなさい。

(1) 2 次方程式の解が 1 つになる確率を求めなさい。

(2) 2 次方程式の解が異なる 2 つの整数になる確率を求めなさい。

(3) 2 次方程式の解が異なる 2 つの整数であり, どちらも −4 より大きく 3 より小さく
なるときの a と b の組をすべて求め, (a, b) のように表しなさい。

平成27年度

愛知高等学校入学試験問題

英　語

(45分)

注　意

1．問題は Ⅰ から Ⅴ まであります。

2．問題の内容についての質問には応じません。

　印刷のわからないところがある場合には、静かに手をあげて監督の先生の指示に従いなさい。

3．解答はすべて解答用紙に記入しなさい。

　氏名、受験番号を書き落とさないように注意し、解答し終わったら必ず裏がえして机の上に置きなさい。

4．解答用紙だけを提出し、問題用紙は持ち帰ってよろしい。

　次の英文を読んで，後の設問に答えなさい。

On a warm summer day, it is fun to enjoy outdoor *activities. But we are often *bothered by *mosquitoes. In some countries, mosquitoes are a much more *serious problem because a mosquito *bite can cause *malaria. Every year more than one million people die because of malaria around the world. Most of them are children in Africa.

In Japan, people used mosquito nets, *kaya* in Japanese, for many years. They *hung the net around their *futons* to keep mosquitoes away when they were sleeping. It was simple but helpful. But in *the latter half of the 20th century, new ways were found to fight mosquitoes. Houses had glass windows and *screens. Also, companies produced *chemical insecticides. After a while, the mosquito net disappeared and became a thing of "old Japan."

(1)(　)(　)(　)(　)(　) the problem of malaria is to keep mosquitoes away. But in poor countries, many people can't buy chemical insecticides or screens. However, some years ago a Japanese company used new *technology and made a special mosquito net for Africans. The *fibers of the new net have a chemical insecticide which lasts five years. ｜ A ｜ the help of the Japanese *government, the mosquito nets were 【 send 】 to Africa. They were very popular and a lot of people asked ｜ B ｜ them. (2) Some companies started producing the nets in African countries, too. This not only has *protected children from malaria, but also has created jobs in Africa.

*The 2011 UN report says that deaths from malaria all over the world were *reduced *by 20 percent from 2000 to 2009. The largest *decrease was seen in Africa. *Malaria cases and deaths in 11 African countries decreased by 50 percent. The report says that the mosquito nets greatly decreased the number of deaths. (3) The old, simple idea which was long forgotten in Japan is now protecting the lives of children in other parts of the world.

(注) activities 活動　bother 〜を悩ます　mosquito(es) 蚊　serious 深刻な
bite 刺すこと　malaria マラリア　hung 〜を吊(つる)した
the latter half of 〜 〜の後半　screens 網戸　chemical insecticide(s) 化学殺虫剤
technology 技術　fibers 繊維　government 政府　protect 〜を守る
the 2011 UN report 2011年国連報告　reduce 〜を減らす
by 〜 percent 〜%分　decrease 減少，〜が減る，〜を減らす
malaria cases and deaths マラリアの症例，またその死者(の数)

問１．文中の ｜ A ｜・｜ B ｜ に入れるのに最も適切なものを下から一つずつ選び，記号で答えなさい。ただし，文頭に来る語の最初の文字も小文字にしてあります。
※同じ記号は二度以上使用しないこと。

　　　ア for　　イ of　　ウ on　　エ to　　オ with

問2．文中の【〜〜〜】内の動詞を，適切な形に直しなさい。

問3．下線部(1)が「マラリアの問題を解決する最良の方法は，蚊を寄せ付けない
ようにすることだ。」という意味になるように，（　）内に次の各語を入れな
さい。ただし，文頭に来る語の最初の文字も小文字にしてあります。

〔 to,　the,　solve,　way,　best 〕

問4．下線部(2)による効果として述べられている内容を，<u>同じ段落内から二つ探</u>
し，<u>日本語</u>で具体的に説明しなさい。

問5．下線部(3)の指すものは何か，下から最も適切なものを一つ選び，記号で答
えなさい。

ア　*kaya*　　　　　　　　　イ　screens
ウ　chemical insecticides　　エ　fibers

問6．本文の内容から判断して，下の英語の質問に対する答えとして最も適切な英
文を一つ選び，記号で答えなさい。

Why did the mosquito net, *kaya*, disappear in Japan?

ア　Because mosquitoes disappeared in the latter half of the 20th
century.
イ　Because people stopped using chemical insecticides.
ウ　Because people found and used better ways to keep mosquitoes
away.
エ　Because people began to use chemical insecticides on house windows
and screens.

問7．本文の内容と一致しているものを<u>二つ選び</u>，記号で答えなさい。

ア　Most of the people who die because of malaria in Africa are old
people.
イ　In Japan mosquito nets were used for a long time to keep mosquitoes
away.
ウ　Mosquito nets are not used in Japan now because it is difficult to
use them.
エ　An African company first used its own technology and made a
special kind of mosquito net.
オ　The 2011 UN report says that the new mosquito net greatly reduced
malaria cases and deaths in Africa.

次の英文を読んで，後の設問に答えなさい。

Emi and Shun are going to stay with families in Canada soon. They are talking about their host families with Ms. Smith, a Canadian teacher.

Ms. Smith : So, are you excited about meeting your host families?

Emi   : Yes, of course. But I was very surprised when I saw pictures of my host family.

Shun   : Me, too.

Ms. Smith : Why? Do you have the pictures with you now?

Emi   : Yes, here you are. All the family members look like people from Asia. I thought the people of Canada looked like you, Ms. Smith.

Ms. Smith : There are many people from other countries living in Canada. Canada has a lot of immigrants from many parts of the world.

Shun   : What does 'immigrants' mean?

Ms. Smith : 'Immigrants' means people who come to live in (1)(   ) country. Usually, they don't plan to go back to their home countries. My grandfather and grandmother also moved to Canada from *Germany as immigrants many years ago. Today *more and more people come from Asia, especially from China. These people from around the world bring their own cultures and languages with them.

Emi   : I didn't know that. (2)(   ) interesting!

Shun   : Please look at the pictures of my host family. These are Mr. and Mrs. Albert. They have two sons. They *adopted one of the sons from China.

Ms. Smith : Oh, did they?

Emi   : Adopted?

Ms. Smith : Yes. They took the boy into their family and became his *legal parents. One of my friends also adopted a girl from Korea.

Emi   : Really? Now I understand there are many different *types of families in Canada. (3)〔 ア help イ in ウ think エ this experience オ will カ me キ I ク a lot ケ Canada 〕in the future.

(注) Germany ドイツ   more and more ますます多くの   adopt ～を養子にする
legal 法律上の   type タイプ，型

問１．下線部(1)の（   ）内には「別の～」という意味の語(句)が入ります。その語(句)を下から一つ選び，記号で答えなさい。

    ア other   イ others   ウ another   エ the others

cm

2	(1)	(2)	(3)
	$a =$	D(,)	P(,)

3	(1)	(2)
	g	$x =$

4	(1)	(2)
	(3)	
	$(a, b) =$	

※100点満点
(配点非公表)

(　　　　)(　　　　　　)(　　　　　　)

	問 5		問 6	

3番目	6番目

※100点満点
(配点非公表)

I	問1	A		B		問2	

	問3	(　　　　　)(

	問4	(一つ目)	
		(二つ目)	

	問5		問6		問7	

II	問1		問2		問3	4番目	8

III	①		②		③	

V	(1)	3番目	6番目	(2)	3番目	6番

氏　　名

受　験　番　号

K 教英出版

【解答用

数 学　　解 答 用 紙

1

(1)	(2)	(3)
(4)	(5)	(6)
		$a =$
(7)	(8)	(9)
度		cm^2

問２．下線部(2)の（　　　）内に入る最も適切な語を下から一つ選び，記号で答えなさい。

　　ア　How　　　　イ　What　　　ウ　That　　　エ　It

問３．下線部(3)が「今度のカナダでの経験が，将来とても私の役に立つと思います。」という意味になるように，〔　〕内の語(句)を並べかえたとき，<u>4番目と8番目に来る語(句)の記号</u>を答えなさい。ただし，文頭に来る語の最初の文字も小文字にしてあります。

問４．Smith先生が説明する 'Immigrants' にあてはまる人物について書かれたものを，下から一つ選び，記号で答えなさい。

　　ア　Mr. Nakata is a Japanese businessman. He has worked in Canada for three years. He will go back to Japan next week.
　　イ　Mr. Bernini moved to Canada from Italy twenty years ago. He is not going to move back to Italy in the future.
　　ウ　Ms. Cheng went to Canada to study English two years ago. She wants to go back to China after studying.
　　エ　Ms. Dion is a doctor. She was born in a very small town in Canada. Later, she moved to the biggest city in Canada and now lives there.

問５．本文の内容と一致するものを，下から一つ選び，記号で答えなさい。

　　ア　Emi was surprised when she met her host family. All the family members came from Asia.
　　イ　Emi and Shun will stay with the same family in Canada. The family moved to Canada from Germany.
　　ウ　Emi's idea about the people of Canada changed after she talked with Ms. Smith.
　　エ　Shun was surprised when he found out that his host family adopted a boy from Korea.

問６．カナダについての次の説明文の（　　　）内に入る適切な一語を，<u>本文中からそのまま抜き出して</u>答えなさい。

　　There are many different kinds of people in Canada. Even members from the same family may look different. Some people adopt children from other countries, and immigrants come from all over the world. These people may bring their own languages and (　　　　).

—4—

次の「音 (sound)」に関する英文を読んで，後の設問に答えなさい。

Sound is a big part of your life. Every day you can hear many sounds, such as the voice of a friend, the song of a bird and the music from the radio. *Probably you think that these sounds are very important for you. But do you know what sound is? What makes sound and how does it come to you?

①

When you talk on the phone, the *air moves with the sound of your voice. This moving *air hits a small *metal plate inside the phone, and the plate *vibrates. This *movement goes to the other side of the phone. So the listener can hear your voice.

②

③

Sound *waves go through the *air in the same way. The *movement of the *air continues until it comes to your ears, and you hear something. Because of these simple and interesting facts, you hear many kinds of sounds around you.

設問. 上の英文内の空所①～③に入る段落を下から一つずつ選び，記号で答えなさい。

ア Here is another good example. There are five books standing *in a line *next to each other. If you *push the first book, this *push will *go on from the first book to the next one. It will go until the last book falls. This time, you *push only one book, not all of the books. But this *push is carried from the first book to the last one.

イ Then, how does sound come to you? Sound comes to you in *waves. You cannot see sound *waves, but they are like water *waves. When you *drop a small stone into a quiet lake, you can see small *circles and they become larger and larger. Sound *waves go through the *air like this.

ウ Sound is made when something moves *back and forth, or *vibrates. Put your hand on the radio speaker when you are listening to the radio. You will find the speaker is *vibrating. When the speaker *vibrates, it makes a sound, and so you can hear the music on the radio.

(注) (アルファベット順)
air 空気　back and forth 前後に　circles 輪, 円　drop ～を落とす
go on 続く　in a line 一列に　metal plate 金属板
movement 動き　next to each other 隣同士に　probably たぶん, きっと
push ～を押す, 押すこと　vibrate 振動する　waves 波

Ⅳ　下のア〜コのうち，文法的に正しい英文を三つ選び，記号で答えなさい。

ア　I don't know how old is that woman.
イ　We will go fishing if it will be fine tomorrow.
ウ　She read the book when she was a child.
エ　This question is too difficult for us to answer it.
オ　The girl with long hair is my daughter.
カ　He is taller than any other boys in his class.
キ　She is easy to finish the test in ten minutes.
ク　How long is it take from here to the library by bike?
ケ　When have you finished doing your homework?
コ　He has been sick in bed for two weeks.

Ⅴ　次の日本語の意味に合うように〔　〕内の語(句)を並べかえて適切な文を作るとき，3番目と6番目に来る語(句)の記号を答えなさい。ただし，文頭に来る語の最初の文字も小文字にしてあります。

(1)　ドアを開けておいてくれませんか。

〔ア you　イ open　ウ the　エ keep　オ will　カ door〕, please?

(2)　彼のために何かできることはありますか。

〔ア can　イ I　ウ for　エ is　オ do　カ there　キ him　ク anything〕?

(3)　私は，春休み中に彼女の手伝いをしてほしいという手紙を受け取りました。

〔ア I　イ to　ウ asking　エ received　オ her　カ during　キ a letter
ク help　ケ me〕 the spring vacation.

H27. 愛知高
Ⓚ教英出版

平成26年度

愛知高等学校入学試験問題

数　学

（45分）

注　意

1．問題は①から④まであります。

2．問題の内容についての質問には応じません。

　　印刷のわからないところがある場合には、静かに手をあげて監督の先生の

　　指示に従いなさい。

3．解答はすべて解答用紙に記入しなさい。

　　氏名、受験番号を書き落とさないように注意し、解答し終わったら必ず裏が

　　えして机の上に置きなさい。

4．円周率π、無理数$\sqrt{2}$、$\sqrt{3}$などは近似値を用いることなく、そのままで表し、

　　有理化できる分数の分母は有理化し、最も簡単な形で答えなさい。

5．答えが分数のときは、帯分数を用いず、真分数または仮分数で答えなさい。

6．計算機を使用してはいけません。

7．解答用紙だけを提出し、問題用紙は持ち帰ってよろしい。

$\boxed{1}$ 次の問に答えなさい。

(1) $(-1)^{13} \times (-2^4) - \{4^2 - (-3)\}$ を計算しなさい。

(2) $\sqrt{48} + \sqrt{72} \div \sqrt{6}$ を計算しなさい。

(3) 方程式 $\dfrac{2x+a}{3} - \dfrac{ax-5}{2} = 1$ の解が $x = 4$ である。このとき，a の値を求めなさい。

(4) 関数 $y = x^2$ は，x の変域が $a \leqq x \leqq 3$ のとき，y の変域は $b \leqq y \leqq 16$ である。このとき，a と b の値を求めなさい。

(5) 右の図の $\triangle$ABC において，点 D は辺 AB の中点であり，点 E, F は辺 BC の 3 等分点である。線分 AF と線分 CD の交点を G とし，DE $= 5$ cm としたとき，線分 AG の長さを求めなさい。

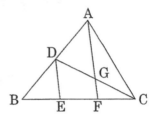

(6) 底面の半径が 3 cm, 母線の長さが 5 cm となる円錐(すい)の表面積を x cm², 体積を y cm³ としたとき，$\dfrac{x}{y}$ の値を求めなさい。

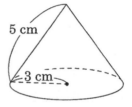

5 cm
3 cm

(7) ある商品の価格を x % 値上げして売ったところ，売り上げが値上げをしないで売った場合の y 倍であった。y を x の式で表しなさい。ただし，値上げの前後でその商品が売れた個数は変わらないものとする。

(8) 2 つのさいころ A, B を同時に投げる。さいころ A の出た目の数を a，さいころ B の出た目の数を b とするとき，$\dfrac{ab^2}{6}$ が整数になる確率を求めなさい。ただし，さいころの 1 から 6 までの目が出る確率はすべて等しいものとする。

(9) 3 桁(けた)の自然数 n は 4 の倍数であり，十の位の数と一の位の数の和が 6 となり，百の位の数が十の位の数と一の位の数の積と等しくなる。このとき，n の値を求めなさい。

(10) AB $=$ AC $= 2$，$\angle$BAC $= 36°$ となる $\triangle$ ABC があり，辺 AC 上に $\angle$ABD $= \angle$CBD となる点 D をとる。このとき，線分 AD の長さを求めなさい。

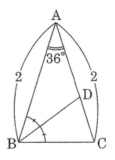

36°
2   2
D
B   C

2 下の図のように，放物線 $y = ax^2$ 上に 4 点 A, B, C, D があり，線分 AC と線分 BD の交点を E とする。点 C と点 D の x 座標がそれぞれ 6 と -8 であり，直線 AC の式は $y = \dfrac{1}{2}x + 6$ である。このとき，次の問に答えなさい。

（1）a の値を求めなさい。
（2）直線 CD の式を求めなさい。
（3）△ACD と △BCD の面積が等しいとき，点 B の座標を求めなさい。

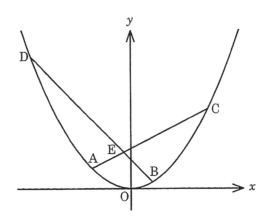

3 A, I, C, H, I の 5 文字が，ある決まりに従って，下のように左から順に並んでいる。

A, I, I, C, C, C, H, H, H, H, I, I, I, I, I, A, I, I, C, C, C, H, H, H, H, I, I, I, I, I, A, I, I, C, ……

このとき，次の問に答えなさい。

（1）左から数えて 200 番目の文字は何か答えなさい。

（2）左から数えて 1 番目から 500 番目までの間に入っている文字 C の個数を求めなさい。

（3）左から数えて 100 番目から 500 番目までの間に入っている文字 I の個数を求めなさい。

4 a を定数とする。平面上の点 $P(x, y)$ と $P'(x', y')$ の間に $\begin{cases} x' = 2x + 3y \\ y' = 4x + ay \end{cases}$ という関係が成り立つとき, 次の問に答えなさい。

（1）点 P の座標を $(1, 2)$ とし, 原点 O と点 P' は異なる点とするとき, 直線 OP と直線 OP' の傾きが等しくなる a の値を求めなさい。

（2）点 P と点 P' が一致するとき, a の値を求めなさい。ただし, 点 P は原点と異なる点とする。

平成26年度

愛知高等学校入学試験問題

英　　語

（45分）

注　意

1．問題は Ⅰ から Ⅴ まであります。

2．問題の内容についての質問には応じません。

　印刷のわからないところがある場合には、静かに手をあげて監督の先生の指

　示に従いなさい。

3．解答はすべて解答用紙に記入しなさい。

　氏名、受験番号を書き落とさないように注意し、解答し終わったら必ず裏が

　えして机の上に置きなさい。

4．解答用紙だけを提出し、問題用紙は持ち帰ってよろしい。

I 次の英文を読んで後の問に答えなさい。

Yumi studied at an elementary school and at a junior high school in America and came back to Japan last year. Now she is in the third grade of a junior high school in Japan.

Yumi : Hi, Mari. How are you doing these days? I hear that you want to go to Aichi High School. Are you studying hard to pass the test for Aichi?

Mari : Yes, of course. I have (1) studied so hard in my life. My dream is to wear that cute uniform of Aichi High School in April. I like that check skirt and navy-blue blazer.

Yumi : Really? I can't believe that.

Mari : What do you mean? You don't like the uniform of Aichi? It's so cute.

Yumi : No, I mean I don't like (2) uniforms. They don't have anything like a uniform in America. Now we are in junior high school and we all must wear the uniform of our school. I don't like it. I don't like the idea of wearing *the same *clothes as *others. So, | A |

Mari : Maybe it's difficult to find such a school. I think that in Aichi *prefecture there are (3) high schools which don't have uniforms. | B |

Yumi : As I told you, I don't want to wear the same clothes as others.
(4)〔 ア isn't, イ for, ウ to, エ same, オ everyone, カ thing, キ necessary, ク wear, ケ it, コ the 〕. We all look the same in a uniform. I want to look different. I want to be myself.

Mari : OK. I understand you. But (5)you don't have to look different from others to be yourself. *What we wear is only a small part of our life. It's not so important and we should not *pay so much attention to it. If we don't have a uniform, we have to choose the clothes we wear every morning. It's so hard and it's a waste of time. | C |

Yumi : To me, it's fun to choose the clothes I wear every morning.

Mari : Listen. Wearing a uniform has another good point, too. It gives us the feeling of being together. When we wear a uniform, we can *strongly feel that we belong to the same school. That makes us proud of our school. That's a good thing, isn't it?

Yumi : Maybe I can say the same thing as you did. | D |

Mari : That's enough, Yumi. Listen to me. Now you live in Aichi, Japan and maybe you will have to go to a Japanese high school which has a uniform, because most of the schools in Aichi prefecture have uniforms. Finally you have to wear a uniform. You should think about it.

Yumi : I see. You're right, Mari. Maybe my way of thinking is too American. Now I live in Japan and I have to wear a uniform at high school.

E

Mari : I'm glad you finally understand.

　(注) the same 〜 as … …と同じ〜　　　clothes 衣服　　　others 他人
　　　 prefecture 県　　　what we wear 私たちが着る物、衣服
　　　 pay attention to 〜　〜に注意を払う　　　strongly 強く

問1. (1)，(2)，(3)に入れるのに最も適切なものを下から一つずつ
　　選び，記号で答えなさい。

　　（1）ア　never　　　　イ　once　　　　ウ　since　　　エ　yet
　　（2）ア　other　　　　イ　some　　　　ウ　any　　　　エ　such
　　（3）ア　only a few　　イ　many　　　　ウ　a little　　エ　any

問2. ┃ A ┃〜┃ E ┃に入れるのに最も適切なものを下から一つずつ選び，記号
　　で答えなさい。ただし，同じ記号を二度用いてはいけません。

　　ア　*Anyway, I wonder why you hate uniforms so much.
　　イ　Then I have to change my idea about a uniform.
　　ウ　*In this sense, a uniform is very useful for us, isn't it?
　　エ　I want to go to a high school which does not have a uniform.
　　オ　You don't have to wear a uniform to feel proud of your school.

　　　　　　　(注) anyway　とにかく，いずれにしても　　　in this sense　この意味で

問3. 下線部(4)の〔　　〕内の語を並べ替えて適切な文を作るとき，4番目と7番
　　目に来る語の記号を答えなさい。ただし，文頭に来る語も小文字にしてあり
　　ます。

問4. 下線部(5)の意味に最も近いものを下から一つ選び，記号で答えなさい。

　　ア　You must not wear different clothes from others if you want to be
　　　yourself.
　　イ　You should wear different clothes from others and try to be yourself.
　　ウ　To be yourself, it isn't important to wear the same clothes as others.
　　エ　You can be yourself without wearing different clothes from others.

問5. Mariの意見の中で，制服を着ることの利点が二つ述べられています。それら
　　を簡潔な日本語で答えなさい。

— 2 —

次の英文を読んで後の問に答えなさい。

He came into the room to close the windows while I was still in bed. He looked sick. His face was white and he walked slowly.

"What's wrong, William?"

"I have a headache."

"Then go back to bed."

"No, I'm all right."

"Go to bed. I'll see you when I *get dressed."

But when I saw him *downstairs, he looked very sick. He was sitting by the fire. When I put my hand on his *forehead, I knew he had a *fever.

The doctor came and took his *temperature.

"What is it?" I asked him.

"One hundred and two."

Downstairs, the doctor left three different *medicines. He said there was (1) to worry about if the fever did not go above one hundred and four *degrees. Back in the room I *wrote down his temperature and the (2) to give him the medicines.

"Do you want me to read to you?"

"If you want to," said the boy. His face was very white. I read *aloud from a book, but he was not listening to my reading.

"How do you feel, William?" I asked him.

"Just the same," he said.

I sat at the foot of the bed and read to myself until the (2) to give him another medicine.

He took the medicine but he didn't go to sleep. When I looked up, he was looking at the foot of the bed and he looked very strange.

"Try to go to sleep. I'll call you for your next medicine."

"I don't want to sleep."

A few minutes later he said to me, "You don't have to stay here with me, Papa. You have something to do."

"I have nothing special to do."

"No, I mean I don't want to *bother you. So you don't have to stay here."

I thought perhaps he was a little *light-headed, and after giving him the medicine at eleven o'clock, I went out for a walk with my dog. It was a fine day. The ground *was covered with ice.

When I went back home, the *servants said, "(3)〔 ア never, イ us, ウ into, エ to, オ come, カ wants, キ the boy 〕 his room. He says, 'Don't come in. You mustn't get sick like me.' "

I went up to him and took his temperature.

	(10)

2	(1)	(2)	(3)
	$a =$		(　　　,　　　)

3	(1)	(2)	(3)
		個	個

4	(1)	(2)
	$a =$	$a =$

※100点満点
（配点非公表）

D   E

問
4

問
2
3番目   5番目

問
4   問
5

3番目   6番目

※100点満点
（配点非公表）

2014(H26) 愛知高
Ｋ 教英出版

| 英 語 | | 解 答 用 紙 |

氏　名

受 験 番 号

I
問1　(1)　　　(2)
問2　A　　　B
問3　4番目　　　7番目
問5　(一つ目)
　　　(二つ目)

II
問1　(1)　　　(2)
問3
問6

III　①　　　②

IV

V　(1)　3番目　　　6番目
　　(3)　3番目　　　6番目

数学　　解答用紙

1

(1)	(2)	(3)
		$a =$

(4)	(5)	(6)
$a =$ 　　, $b =$	cm	$\dfrac{x}{y} =$

(7)	(8)	(9)

【解答用

"What is it?"

"It is the same." It was one hundred and two.

"It was a hundred and two," he said.

"Your temperature is all right," I said. "Don't worry."

"I don't worry," he said, "but I can't stop thinking."

"Don't think," I said. " あ Just *take it easy."

"I'm taking it easy," he said and looked straight *ahead. He was thinking of something really *seriously.

"Take this with water."

"Do you think it will help?"

"Of course it will. い "

I sat down and began to read, but again he was not listening, so I stopped.

"When am I going to die?" he asked.

"You aren't going to die. What's wrong?"

"Oh, yes, (4)I am. The doctor said a hundred and two."

"People don't die with a fever of one hundred and two."

"They do! At school in France the boys told me you can't (5) with forty-four degrees. I have a hundred and two."

He was waiting to die all day, from nine o'clock in the morning.

"Poor William," I said. " う You aren't going to die. That's a different *thermometer. On their thermometer thirty-seven is *normal. On our thermometer it's ninety-eight."

"Are you sure?"

"Yes!" I said.

He slowly *relaxed and stopped looking at the foot of the bed. The *thought which he had all day stopped, too. え

From the next day he started crying very easily at things that were not important at all.

(注) get dressed 服を着る   downstairs 階下で   forehead 額
     fever 熱   temperature 体温   medicine 薬
     degree 度（温度の単位）   write down 書き留める   aloud 声に出して
     bother 困らせる   light-headed 頭がクラクラする
     be covered with ～ ～で覆われている   servant 使用人
     take it easy 気持ちを楽にする，肩の力を抜く   ahead 前方に
     seriously 真剣に   thermometer 体温計   normal ふつうの，平常の
     relax 楽になる   thought 考え

— 4 —

問1．（ 1 ），（ 2 ）に入れるのに最も適切なものを下から一つずつ選び，記号で
　　答えなさい。

　　（1）ア anything　　イ enough　　ウ no　　エ everything　　オ nothing
　　（2）ア reason　　　イ idea　　　ウ time　　エ need　　　　オ person

問2．下線部(3)の〔　　〕内の語（句）を並べ替えて適切な文を作るとき，<u>3番目と
　　5番目に来る語（句）</u>の記号を答えなさい。ただし，文頭に来る語も小文字に
　　してあります。

問3．下線部(4)の後に省略されているものを<u>3語の英語</u>で答えなさい。

問4．文脈から判断して，（ 5 ）に入る<u>1語の英語</u>を答えなさい。

問5．下の英文が，本文中の　あ　～　え　のいずれかに入ります。どこに入
　　れるのが最も適切か，記号で答えなさい。

　　　　　It's like *miles and kilometers.

　　　　　　　　　　（注）mile マイル（距離の単位。1 マイル＝ 約1.6キロメートル。）

問6．波線部 "The ground was covered with ice." 以外に，もう一か所この話
　　の季節がわかる一文があります。それを本文中から抜き出しなさい。

<hr>

Ⅲ　　次の①，②のそれぞれの対話文の（ 1 ）～（ 4 ）には，下の(a)～(d)のいずれ
　　かが入ります。（ 1 ）～（ 4 ）に入れる順番として最も適切なものを下のア
　　～エから一つ選び，記号で答えなさい。

①Susan：Bill, I'm going shopping.　Would you like to come with me?
　　Bill：(　　　　1　　　　)
　　Susan：(　　　　2　　　　)
　　Bill：(　　　　3　　　　)
　　Susan：(　　　　4　　　　)
　　Bill：When will you come back?
　　Susan：I'll be back before dark. The store closes early on Sunday.

　　┌───┐
　　│ (a)　I need some more writing paper. Can you buy me some? │
　　│ (b)　Sure. That'll be easy. │
　　│ (c)　Is there anything I can get you at the shopping center, then? │
　　│ (d)　I'd like to, but I have some more work to do. │
　　└───┘

　　ア (a)-(b)-(c)-(d)　　イ (b)-(c)-(a)-(d)　　ウ (d)-(b)-(c)-(a)　　エ (d)-(c)-(a)-(b)

② Jane : I heard about a new Italian restaurant.

    Keiko : (　　　　1　　　　)

    Jane : (　　　　2　　　　)

    Keiko : (　　　　3　　　　)

    Jane : (　　　　4　　　　)

    Keiko : Yes. So we will have lunch there tomorrow. Why don't you come with us?

    Jane : OK. I love Italian food.

(a) Did she like the restaurant?

(b) Do you mean the restaurant near my house?

(c) No, but my mother went there last Saturday.

(d) Yes, that's right.　Have you been there?

ア　(a)-(c)-(b)-(d)　　イ　(b)-(c)-(a)-(d)　　ウ　(b)-(d)-(c)-(a)　　エ　(a)-(d)-(c)-(b)

Ⅳ　次の英文の中で文法的に正しい英文を三つ選び，記号で答えなさい。

    ア　There is your book on the desk.

    イ　I don't know how much is this watch.

    ウ　I'm looking forward to see you again soon.

    エ　During I was staying in England, I went to see my aunt three times.

    オ　My mother talked me to eat fish.

    カ　This book is more interesting than that one.

    キ　I will go to bed after I will finish reading this book.

    ク　Ken helped me with my homework.

    ケ　It's so hot.　Please keep open the door.

    コ　The cake made by Yuko looked very delicious.

Ⅴ　次の日本語の意味に合うように〔　　〕内の語(句)を並べ替えて適切な文を作るとき，3番目と6番目に来る語(句)の記号を答えなさい。ただし，文頭に来る語も小文字にしてあります。

(1) マイクはとても疲れていて宿題ができなかった。

    〔 ア to, イ was, ウ homework, エ Mike, オ his, カ tired, キ do, ク too 〕.

（2）その女性は，どこで切符を買ったらよいか私に教えてくれた。
    〔 ア buy, イ the, ウ me, エ told, オ to, カ ticket, キ where, ク the lady 〕.

（3）私がその町で出会った人はみんな私にとても親切でした。
    〔 ア me, イ very, ウ met, エ everyone, オ the town, カ to, キ kind, ク I,
    ケ was, コ in 〕.

K 教英出版

平成25年度

愛知高等学校入学試験問題

数　　学

(45分)

── 注　意 ──

1．問題は $\boxed{1}$ から $\boxed{4}$ まであります。

2．問題の内容についての質問には応じません。

　印刷のわからないところがある場合には、静かに手をあげて監督の先生の指示に従いなさい。

3．解答はすべて解答用紙に記入しなさい。

　氏名、受験番号を書き落とさないように注意し、解答し終ったら必ず裏がえして机の上に置きなさい。

4．円周率 π、無理数 $\sqrt{2}$、$\sqrt{3}$ などは近似値を用いることなく、そのままで表し、有理化できる分数の分母は有理化し、最も簡単な形で答えなさい。

5．答えが分数のときは、帯分数を用いず、真分数または仮分数で答えなさい。

6．計算機を使用してはいけません。

7．解答用紙だけを提出し、問題用紙は持ち帰ってよろしい。

1 次の問に答えなさい。

(1) $\dfrac{-5^2+4^2-(-3)^2}{(-1)^4}$ を計算しなさい。

(2) $x=\dfrac{2}{7}$ のとき，式 $\dfrac{x-1}{5}+\dfrac{x+2}{2}$ の値を求めなさい。

(3) 等式 $a=\dfrac{2b-3c}{5}$ を c について解きなさい。

(4) y は x に反比例し，$x=3$ のとき $y=2$ である。x の変域が $1 \leqq x \leqq 6$ のとき y の変域を求めなさい。

(5) $x,\ y$ の連立方程式 $\begin{cases} 0.2x+0.1y=-0.2 \\ \dfrac{x}{2}+1=-\dfrac{y}{3} \end{cases}$ を解きなさい。

(6) 二次方程式 $5x^2+8x-2=0$ を解きなさい。

(7) $(3\sqrt{6}-6)(2\sqrt{3}+\sqrt{8})+(\sqrt{6}-\sqrt{3})^2$ を計算しなさい。

(8) 濃度 a ％の食塩水 200 g に水を b g 加えると，8 ％の食塩水になる。b を a の式で表しなさい。

(9) $\sqrt{\dfrac{150}{n}}$ が整数となるような自然数 n の和を求めなさい。

(10) AB＝AC＝5，BC＝8 となる二等辺三角形 ABC があり，辺 AB，BC，CA のそれぞれで点 P，Q，R をとる。点 P，Q，R が AB⊥PQ，AC⊥QR を満たすとき，PQ＋QR を求めなさい。

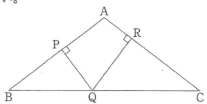

2 図のように，中心 O 半径 1 の円があり，この円の直径 AB の延長上に OB ＝ BC となるような点 C をとる。点 C から与えられた円に接線を引き，その接点を P とするとき，次の問に答えなさい。

（1）線分 CP の長さを求めなさい。

（2）△OBP の面積を求めなさい。

（3）直線 AC を軸にして △OCP を回転させることで作られる立体の体積を求めなさい。

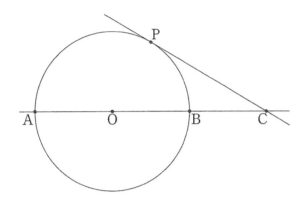

3 次の問に答えなさい。

（1）7で割ると2余る，2桁（けた）の自然数は全部でいくつあるか答えなさい。
（2）7で割ると2余り，5で割ると3余る，2桁（けた）の自然数をすべて答えなさい。

1	2	4	7	11	16	22	・
3	5	8	12	17	・	・	・
6	9	13	18	・	・	・	・
10	14	19	・	・	・	・	・
15	20	・	・	・	・	・	・
21	・	・	・	・	・	・	・
・	・	・	・	・	・	・	・

上の表は自然数をある規則によって並べたものである。例えば，上から2行目，左から3列目の数は8である。このとき，次の問に答えなさい。

（1）上から3行目，左から7列目の数を答えなさい。
（2）50は上から何行目，左から何列目の数なのか答えなさい。
（3）234は上から何行目，左から何列目の数なのか答えなさい。

K 教英出版

平成25年度

愛知高等学校入学試験問題

英　語

（45分）

注　意

1．問題は I から V まであります。

2．問題の内容についての質問には応じません。

　印刷のわからないところがある場合には、静かに手をあげて監督の先生の指

　示に従いなさい。

3．解答はすべて解答用紙に記入しなさい。

　氏名、受験番号を書き落とさないように注意し、解答し終ったら必ず裏がえ

　して机の上に置きなさい。

4．解答用紙だけを提出し、問題用紙は持ち帰ってよろしい。

高校生の智美 (Tomomi) とALTのホワイト先生 (Mr. White) が次のような
会話をしています。次の英文を読んで、後の設問に答えなさい。

Tomomi　　：I hope I can work as an *international volunteer *someday. I
　　　　　　　hear you were working as a volunteer in Africa. Could you tell
　　　　　　　me what you were doing?
Mr. White　：OK. I was working in Sierra Leone. Have you ever heard of it?
Tomomi　　：Yes, it's a country in Africa.
Mr. White　：That's right. In Sierra Leone, there were *wars, and a lot of
　　　　　　　people were injured or killed. Many babies and little children
　　　　　　　couldn't get enough food and became sick.

A

　　　　　　　I was taking care of the people working for that school.
Tomomi　　：That's wonderful!
Mr. White　：Yes, it is! But many international volunteers often have two
　　　　　　　problems. Knowing about them is very important when we think
　　　　　　　about international volunteer work.
Tomomi　　：What is the first problem?
Mr. White　：The lives of the *local people we *support and our lives are very
　　　　　　　different, so understanding their lives is difficult.
Tomomi　　：What do you mean?
Mr. White　：For example, usually there are (B) schools for the local people.
　　　　　　　Many children can't go to school, and they don't know how to
　　　　　　　read and write. So volunteers make a school for children. But
　　　　　　　when volunteers finish building it, sometimes they can't come to
　　　　　　　school.
Tomomi　　：Why does it happen?
Mr. White　：Because people are very poor, their children must work, too. We
　　　　　　　think that going to school is more important than working for
　　　　　　　money. But they don't think so. They think that ⌈ C ⌉.
　　　　　　　So children can't come to school.
Tomomi　　：That sounds difficult to me. What is the second problem?
Mr. White　：Volunteers can't stay at one place for a long time. They must
　　　　　　　leave someday. But then hospitals and schools stop working
　　　　　　　without people who can *manage them. So the local people must
　　　　　　　manage them. Volunteers must (D) them how to do so
　　　　　　　before they leave.
Tomomi　　：It sounds difficult, too.
Mr. White　：That's true. So, from these two problems, it is difficult to do
　　　　　　　international volunteer work. It is a very *rewarding job, but we
　　　　　　　need a lot of *patience.
Tomomi　　：But I still want to help those people in need. (E) [I / anything /
　　　　　　　do / is / can / there] now?

Mr. White ：You can study things happening in the world.　And you must study the language that many volunteers from many countries can understand and use.　I mean the language we're speaking now.

Tomomi 　：I got it.　I will study (F) it harder.

(注)international　国際的な　　someday　いつか　　war(s)　戦争
local　現地の、地元の　support　支援する　　manage　管理する、経営する
rewarding　やりがいのある　　patience　忍耐、根気

問1.　 A 　の中に、次の(a)～(c)の３つの文を入れるとき、それらを並べる順番として最も適切なものを下のア～カから１つ選び、記号で答えなさい。

(a)　So I was working to build a hospital again.
(b)　Later, I started working to make a school for children.
(c)　But there were no hospitals for these people because wars broke them.

　　ア　(a)－(b)－(c)　　　イ　(a)－(c)－(b)　　　ウ　(b)－(a)－(c)
　　エ　(b)－(c)－(a)　　　オ　(c)－(a)－(b)　　　カ　(c)－(b)－(a)

問2.（ B ）に入る最も適切な語を下から１つ選び、記号で答えなさい。

　　ア　many　　イ　much　　ウ　nothing　　エ　little　　オ　few

問3. 前後の文脈をふまえ、本文中の語句を用いた10語の英文を　 C 　の中に入れなさい。

問4.（ D ）に入る最も適切な語を下から１つ選び、記号で答えなさい。

　　ア　ask　　イ　make　　ウ　say　　　エ　teach　　オ　help

問5. 下線部(E) の［　　］内の語を並べかえて適切な英文を完成させるとき、4番目に来る語を答えなさい。ただし、文頭に来る語も小文字にしてあります。

問6. 下線部(F) it の指すものを、具体的な英語1語で答えなさい。

－2－

次の英文を読んで、後の設問に答えなさい。

(あ) There are many big differences between Japanese *society and *Western society, and one of them is about telling the *truth. All Japanese know the *expression, '*Lying is sometimes good,' or *Uso mo hoben*. In Western culture people also tell *lies, but the reasons for lying are often quite different from the reasons for lying in Japan.

(い) When I was in *elementary school in America, my teacher said, "You know George Washington. He was the first U.S. *president. When he was a child, he cut down his father's favorite cherry tree. He then went and said to his father, 'I cannot tell a lie. I cut down the cherry tree.' George's father then said that ｜　　　1　　　｜ was very important."

(う) Teachers in the U.S. told children this story and said, "It is always right to tell the truth." In fact, this is not a true story about George Washington. It's a big lie! But this lie was used for a good reason. Teachers wanted to teach children to tell the truth. Both Americans and Japanese *lie because they don't want to hurt someone else. There are also lies 'for a good reason' and they are called 'white lies.'

(え) Lies are very *common in American society, but much more common in Japan. *Serious lies are found all through Japanese culture. (2)People can *forgive most of the serious lies in Japanese society. They do not even call most of them 'real lies.' They just say they are not telling the truth about something. They think that telling the truth is not *polite when it hurts someone. We can find this idea in Western culture, too, but (3)not as much as in Japan.

(お) There is a Japanese expression, 'You should put a *lid on a *pot that smells bad.' This is used to show that (4)we shouldn't [about / the truth / things that / hurt / may / tell] someone. In this way, you sometimes have to tell a lie.

In Japanese society, people cannot live *in harmony if everyone tells the truth about everything. Lying to keep the peace is *natural and most people feel that (5) it is another part of Japanese society.

(注) society 社会　Western 西洋の　　truth 真実　　expression 表現、言いまわし
lying lieの現在分詞　lie（名詞）嘘　elementary school 小学校
president 大統領　lie（動詞）嘘をつく　common よくある　serious 本気の
forgive 許す　polite 思いやりのある、礼儀正しい　lid ふた　pot つぼ
in harmony 調和をとって、仲よくして　natural 当然な

2	(1)	(2)	(3)

3	(1)	(2)
	個	

4	(1)	(2)	(3)
		上から　　　行目 左から　　　列目	上から　　　行目 左から　　　列目

※100点満点
（配点非公表）

K 教英出版

問
6

問
2

問
3

] someone.

③

5番目		3番目	5番目
	3		

※100点満点
（配点非公表）

| 英 語 | | 解 答 用 紙 |

| I | 問1 | | 問2 | |

| | 問3 | | |

| | 問4 | | 問5 | |

| II | 問1 | | |

| | 問4 | we shouldn't [|

| | 問5 | |

| | 問6 | | 問7 | |

| III | ① | | ② |

| IV | | |

| V | 1 | 3番目 | 5番目 | | 2 |

氏　名

受　験　番　号

数　学　　　解　答　用　紙

1

(1)	(2)	(3)
(4)	(5)	(6)
	$x=$　　　 , $y=$	$x=$
(7)	(8)	(9)

問１．　1　に入る適切な英語3語を段落(あ)より抜き出しなさい。

問２．下線部(2)の理由を最も適切に表している文を下から１つ選び、記号で答えなさい。
ア　Because they don't think most lies are so serious in Japan.
イ　Because they know everyone tells lies in Japanese culture.
ウ　Because they usually think nobody knows the truth.
エ　Because they know telling the truth sometimes hurts someone else.

問３．下線部(3)が表す意味に最も近いものを下から１つ選び、記号で答えなさい。

ア　西洋人は、真実を話すことが必ずしも良い訳ではないという意識を、日本人ほどは強く持っていないということ。
イ　日本では本当の嘘も許すが、西洋では決して許さないということ。
ウ　西洋人は、日本人ほど他人を思いやる気持ちが強くないということ。
エ　西洋人は、日本人と同様に、嘘をついて他人を傷つけることを望まないということ。
オ　日本人は「嘘をついているのではなく、真実を話していないだけだ。」と考える場合があるが、西洋人はそういう考え方を全くしないということ。

問４．下線部(4)は、その前の文の 'You should put a lid on a pot that smells bad.' の意味を説明した文になります。[　　]内の語(句)を並べかえて適切な英文を完成させなさい。

問５．下線部(5) it が指す内容を日本語で答えなさい。

問６．以下の英文は、段落(あ)～(お)のいずれかの次に入ります。その段落の記号を答えなさい。

　　　Of course, many Americans actually lie in a lot of *situations. American children often lie when they want to run away from difficult situations.　But they usually think that lying is wrong.

(注) situation 状況

問７．本文の主題を表しているものを下から１つ選び、記号で答えなさい。

ア　It is important for us to tell the truth like George Washington.
イ　There is a difference about telling lies between Western society and Japan.
ウ　We should not hurt someone by telling the truth.
エ　Telling lies is natural in Japanese culture.
オ　Lies for a good reason are called 'white lies.'

III 2人（ A:インタビュアー、B:映画監督 ）の対話文を完成させるために、下のようにア〜コの英文を並べかえるとき、①、②、③に入る記号をそれぞれ答えなさい。

エ → ケ → (①) → ( ) → (②) → ( ) → ( ) → (③) → ( ) →ク

ア A: *I'd like to see the room. So, when did you get interested in making movies?

イ A: That's great. And what kind of movie do you want to make next time?

ウ A: *First of all, I'd like to ask you about your *childhood. What kind of child were you?

エ A: Today our guest is James Johnson, the movie *director of "Tommy's Wonderful Space Adventure." Welcome to our program, James.

オ A: Sounds interesting. I cannot wait to see it. Thank you for *joining us today.

カ B: Here's the story: a boy and a girl meet at a summer camp. They have a dream of making a family. After 20 years, their dream *comes true. It's a *gentle story in a beautiful *countryside.

キ B: Well, I didn't like playing with other boys. I was always *drawing things in my sketchbook. Oh, not only in my sketchbook. On my birthday, my father bought me *paints and a *brush. I *painted animals and trains on the walls of my room. So my room looked like a movie set.

ク B: My pleasure.

ケ B: Thank you for inviting me.

コ B: One day when I was 10, my mother took me to a movie studio. She was working there as a *make-up artist. That day I walked on a real movie set, and you know, it was a *surprise. I couldn't say a word for a few moments. Since then, making movies has been my life.

【注】 I'd like to〜 〜したいと思います First of all まず始めに childhood 子供時代
director 監督   join 〜に加わる   come true （夢などが）実現する
gentle 優しい、穏やかな   countryside 田舎   draw 描く   paints 絵の具
brush 絵筆   paint 絵の具で描く   make-up artist 映画の俳優に化粧を施す人
surprise 驚くべき事

下のア〜ケのうち、文法的に正しい英文を3つ選び、記号で答えなさい。

ア　Janet speaks English the most slowly in the three.
イ　I really need someone can speak Chinese.
ウ　Do you have any work to do tomorrow?
エ　When have you climbed Mt. Fuji?
オ　Is French spoken by many people in Canada?
カ　Why is the boy sitting over there is crying?
キ　I go to school by a car.
ク　What did the cherry blossoms look like when they fell?
ケ　Will you help my homework?

Ⅴ　次の[　　]内の語を並べかえて日本文に合う英文を完成させるとき、3番目と5番目に来る語の記号を答えなさい。ただし、文頭に来る語も小文字にしてあります。

1.　あなたのかばんを運びましょうか。
　　[ア bag　イ me　ウ you　エ do　オ your　カ carry　キ to　ク want]？

2.　この食べ物はフランス語で何と言いますか。
　　[ア is　イ this　ウ in　エ called　オ what　カ food] French?

3.　私は、来週伯母に会いに行くのを楽しみにしています。
　　[ア visiting　イ I'm　ウ forward　エ my　オ to　カ looking　キ aunt]
　　next week.

2013(H25) 愛知高

Ｋ 教英出版